文學叢刊

張朗著

詩話中華・三代篇

文史哲出版社印行

國家圖書館出版品預行編目資料

詩話中華．三代篇 / 張朗著.-- 初版.-- 臺北市：
文史哲, 民 95
面： 公分.--（文學叢刊；181）
ISBN 957-549-650-7（平裝）

851.486 95000558

文學叢刊 181

詩話中華．三代篇

著者：張朗
出版者：文史哲出版社
http://www.lapen.com.tw
登記證字號：行政院新聞局版臺業字五三三七號
發行人：彭正雄
發行所：文史哲出版社
印刷者：文史哲出版社
臺北市羅斯福路一段七十二巷四號
郵政劃撥帳號：一六一八〇一七五
電話 886-2-23511028・傳真 886-2-23965656

實價新臺幣二三〇〇元

中華民國九十五年（2006）元月初版

ISBN 957-549-650-7

詩話中華·三代篇

目次

成湯的傳說 109

周

姬昌的故事 164

三代

繼揖讓盛世之後
三個家天下王朝：夏商周
每朝都有賢明君主
修德愛民，致天下於昇平
每朝都有雄才大略的君主
開疆闢土，光大華夏文明
每朝都有平庸君主
拿史記當簽到簽退薄本

每朝都有荒淫的君主
作樂作惡，禍國禍民
還有暴君夏桀，商紂，周幽王
各為結束一代的統制而生

三代，即夏商周三個朝代之總稱。史家所稱的三代中的周，包括西周及東周；但，我的這一本集子《詩話中華：三代篇》，只寫到西周的幽王爲止。把由周平王開始、到嬴政統一六國之間的幾百年，歸入這一序列的第三本集子《詩話中華：春秋戰國篇》。我這樣切割歷史，並無特別的理由，除了便於處理。

姬宮湦雖不是亡國之君，但宜臼東遷之後，姬周的統制權已經喪失。拙詩第六節所云，與事實相符。

夏

大禹治水成功了
帝舜封賜的爵號
受禪為三代的第一個王朝
揖讓盛世至此止步
歷史的馬車至此轉向
換到家天下的馳道
由於他們這一代人的成就
「華夏」二字　至今還是
炎黃子孫的驕傲

夏朝的疆域包括現在的黃河及長江流域和遼寧省。禹建都於安邑（故城在山西夏縣北）。

傳至帝相，遷都於帝丘（故城在河北濮陽縣西南），少康中興又遷都安邑，傳至夏桀亡國，共四四〇年（西元前二二〇五至前一七六六）。

夏禹的傳說

母親

為拯救天下溺水的百姓
金星白帝之精又要降臨人間
祂變成一顆晶瑩光燦的明珠
大如雞卵，形如薏仁
在水湄等候紅塵裡的母親

女嬉下山汲水
恰好拾起這段緣份
因祂曾來夢裡細說宿因
十四個月懷胎坼背出世

她就呼喚祂前生的小名

依據《上古神話演義》裡的記載，禹的母親名叫女嬉，是有莘氏的女兒，又名女志、脩己、女狄，嫁給鯀爲妻。夫婦兩人住在汶山廣柔地方的石紐村中，她年過三十，尙無生育。一天薄暮時分到山下汲水，在水邊看見一顆明珠，大如雞卵，形如薏仁，便隨手拾起，後來不小心誤吞腹中。這天夜裡做了一個夢，夢見一個高大的男人走來對她說，「我是天上金星白帝之精，曾經降生人間做女媧氏十九代的孫子，名字叫做大禹；後來又回返天上。現在洪水爲害無人能有效的整治，我只得重入紅塵治水救民。所以，我化爲一顆珠子進入妳的肚腹，做妳的兒子。」過了兩個月，女嬉果發覺自己已經懷孕，但，一直滿了十三個月，孩子沒生下來，她的背部卻常常作痛。到第十個月的一天，女嬉竟然痛得暈死過去。

鯀聽說過侄兒嚳是坼胸生的，便想到自己的兒子可能會坼背出生，因爲找不到醫生，便自己動手割開女嬉的後背接生。女嬉給兒命名禹，鯀不同意，叫他文命。字高密；但史學家仍多稱文命爲大禹。

名字

懷抱著斗文、雙足踏著己文
來到為水災所苦的人間
喚你文命

鯀說
這些胎文為證
你是七星之下
唯一受命於天的人

一世功業彷彿是回聲

依據《上古神話演義》中的敘述，女嬉三朝洗兒時，發現禹的胸口有三顆黑點，排列如北斗七星；兩腳的腳心都有「己」字紋路。當天，給他命名，女嬉因孕娠時曾夢見大禹來和她結一世母子情緣，所以要給兒子起名叫禹。鯀則孩子身上有三處自娘胎帶來的圖文，認定他是受命於天的神聖，堅持爲他取名文命。並依他與衆不同的像貌，還給他取了別字高密：「高」字來自鼻子高，「密」字，指山的形狀如廳堂。

治水

水利部長兼水利工程師
兼水利工程隊長
還兼水利工人
不知他兼職是為了兼薪
或是因為他的胸中有一顆
人溺己溺的愛心

十三年沒休過，也沒請過假
巡迴工程隊三次經過家門
也沒進去跟家人打一個招呼
不知他是工作狂患者
或是發憤雪父恥
完成父親遺志的孝子

但我確知他是虞舜政府裡
最忠勤的政務官兼公務員工
也是後世苦行家的開派祖師

姒文命奉命治水，子承父職，先檢討父親失敗的原因，改圍堵爲疏導。依《中國人史綱》的記述，他於十三年時間，疏通了弱水、黑水、黃河、渭水、洛水、濟水、淮河、漢水及長江等九條水道。疏導工程雖以除去水道中的壅塞爲主，於必要之處，仍須築堤。

多數人都說禹治水十三年，三過家門不入。孟軻說禹治水八年，三過家門不入。尸佼則說十年；我採信第一說。

禹步

是症狀
是職業病的症狀
是治水職業病的症狀
是首先出現在大禹身上的
治水職業病症狀
是患了脛足偏枯的大禹
獨特的行走姿態

依據《中文辭源》，禹步即跛行。相傳禹治水辛苦，身病偏枯，足行艱難，形成一種特殊的步態；古人叫它「禹步」。

又《尸子》中也有幾句話：「禹於是疏河決江，十年不窺其家，足無爪、脛無毛，偏枯之病，步不能過，故名禹步。」

偏枯、病名；即半身不遂。脛無毛，是小腿佈滿受傷留下的瘢痕，所以無毛；足無爪，是因受傷趾甲都掉光了。

金簡玉碟

道家一棺再、再而三的強調
大禹治水的技術，得自
神仙的玉牒金簡
可他們的發言人
事先沒充分溝通，造成
三次招待記者
宣佈了三個不同的得書地點
何者為真
後人無從查證，甚至
不能拋硬幣決定

《上古神話演義》裡有禹得金簡玉牒的記載，《龍文鞭影》裡也有一句「禹夢玄彝」。書中對這句話的註釋是：「禹治水至衡山，血白馬以祭，夢有赤繡文男子，稱玄彝，蒼水使者，曰：欲得我簡書，齋於皇帝之宮。禹齋三日，果得金簡玉牒，因知治水之要。或云得於岣嶁峰，或云得於宛委，未知孰是。」拙詩依此寫成。因三選一，非二選，所以不能擲銅板決定；遊戲筆墨博君一哂。又：宛委、傳說中的山。

望夫石

觀光的隊伍出禹廟西行
突然，訝異聲裡
遠遠望見，亂石叢中
一位面江獨立的婦人

導遊說她是夏啓的母親
大禹治水成功歸去
她以為只是四過家門
堅持在這兒繼續等

望夫石，石高三米許，形似婦人，在安徽省懷遠縣塗山禹王廟西南半山坡上；又名啓母石。相傳爲禹妻塗山氏望夫所化。

依據《歷代名人勝跡大辭典》的註釋：他們夫妻婚後，感情甚篤，生子啓三天，禹即率治水大軍離家與洪水搏鬥；十三年間三過家門而不入，塗山氏站在此處凝望遠方，盼夫成功歸來，不料竟化爲石。明代詩人張士隆的詠〈啓母石〉詩，即詠此石。茲錄如後：

亭亭獨立向江濱　四伴無人石作鄰　雲鬢挽成千載髻
娥眉淡掃四時春　霜爲膩粉憑風傳　霞作胭脂丈日勻
莫道岩前無寶鏡　一輪明月照精神

據悉啓母石共有兩塊，本詩所詠者亦名望夫石，故此首拙詩以望夫石爲題，且安置在大禹的一輯裡；另首，內容與啓出生有關，故以啓母石爲題，安置在啓的一輯中。

神女峰

西王母掌上的第二十三顆
璀璨的明珠
心裡從沒生長兒女情苗
不幸名字也叫瑤姬
才倒楣到跟神女混淆
助禹疏通這段水道
原來只為自己補過
後來不知疲倦地解救眾生苦難
才發現流動在自己血管裡的
都是慈悲
遠在春秋戰國前很久、很久

我已不可逆地化作石峰
容許如此高大、如此笨重
的巉巖走入，請問
那該是多麼壯闊的夢

相傳西王母的第二十三個女兒名叫瑤姬；身體雖說有些柔弱，倒是一個聰明美麗、活潑好動的姑娘。由於她常常偷偷溜出瑤池到處亂跑，西王母非常擔心；既怕她在外面闖禍，又怕她遇到危險。經與丈夫東王公商議後，便把瑤姬送去紫清閣，交給三元仙君管教。

瑤君到紫清閣後，到也刻苦用功，加上她聰明伶俐，甚得三元仙君的歡心，不久就將全部的本領都傳給她了。

她學成歸來，本事更大了，也更頑皮了。西王母封她做雲華上宮夫人；她施法變出自己及侍女、侍臣的替身留在宮裡，本身則帶著侍女、侍臣騰雲駕霧去東海觀光。飽覽東海風光之後，又都化身水族到海裡戲水，並到龍宮參觀。

東海龍王看上了瑤姬的美貌，對她招待得無微不至，後來還向她求婚，可是瑤姬不喜歡他，因此他發起怒興風作浪，造成海難。

瑤姬拒絕了東海龍王的求婚之後，就率領她的侍臣、侍女回西天。她經過巫山上空時，看到十二條蛟龍在天空裡追逐遊戲，掀起狂風，蹂躪莊稼樹木，毀損房屋，傷害生靈；她忍不住大怒，一記滾雷把十二條蛟龍全都打死了，也給自己招來不小的麻煩。因爲十二條蛟龍的屍體墜落地上，堆積成崇山峻嶺，堵住了滔滔東去的長江，以致江水氾濫成災，造成人間浩劫，她的心中萬分後悔，正謀補救，碰巧禹就在此時趕來疏通三峽這段水道。由於蛟龍變的山又高又險峻，禹想開山洩流，不知從何下手，急得他團團轉。

瑤姬看在眼裡，心想：我惹的禍，不能叫禹爲難，便下令她的侍臣黃魔、虞余、狂章、大醫、庚辰、童律等六位神仙去幫助禹。好不容易才把這段水道疏通，她才鬆了一口氣。為了增進禹服務人民的能力，她送了一本詳載驅獸伏蛟等方法的黃綾寶卷給禹，又派庚辰、虞余長期協助禹，必須等把天下的水患都消除之後才准回來。

禹和他的治水團隊離去後，瑤姬本該返回西天，哪知在臨行前，她站在巫山頂上巨大如壇的石頭上，最後一次觀賞三峽美麗景色的時候，突然發現山下的人民還有苦難，需要她的幫助，她便暫時留下來幫助他們。她心想：「等解決了他們的苦難再回瑤池也不晚。」可是，人間的苦難一件接一件，她解救了一件又一件，永遠忙得暈頭轉向，忙得忘記了西天、忘記了瑤池，甚至忘記了自己。最後，忙得太累了，天帝憐憫她，才把她變成石峰好好地休息。

帝女

瑤池仙子
雲華夫人的侍女
美貌如花，從未識
愛情是甜蜜或是酸苦
只因一陣多事的風
把她的裙裾吹進夏禹手中
只得和他連袂走一趟紅塵
先結凡世姻緣
再回天上成為神仙眷屬

依據《戰國策》，帝女是帝堯的女兒，並有這樣幾句話：「古時帝堯的女兒命儀狄造酒，酒味甘美，送禹帝嚐，禹帝飲後，覺得味道太好了，卻從此疏遠儀狄，滴酒不沾。」《上古神話演義》裡的記述，卻說帝女是雲華夫人的侍女，名叫玉女。並有一個小故事說明玉女和夏禹結緣的經過：禹治水途經三峽之時，受邀跟雲華夫人見面，她把自己的七名侍衛派給夏禹助他治水；又賜給他一本既能召神役鬼役獸又有治水妙策的寶書。她叫侍女（玉女）把書送給夏禹時，突來一陣風把玉女的裙帶吹到夏禹手中；他不小心一扯，幾乎扯下了她的長裙。玉女滿臉羞紅的抓著裙子逃入室內，夏禹不知所措，雲華夫人說：「這是天意！」後來就把玉女嫁給夏禹爲妃。由於她是瑤池仙女，夏禹後宮裡的人，都對她非常尊敬，稱她「帝女」而不名。

拙詩以《上古神話演義》中的記述爲素材寫成。

「雲華夫人」是瑤姬的道號。

旨酒的故事

一

神話說旨酒的釀造技術
來自西王母的瑤池
第一位在人間試釀成功的
師傅：名字叫儀狄

二

不能確定夏禹可是
第一個暢飲旨酒的凡人
讀史者皆知；他是

第一位拒絕再嚐佳釀的明君

三

從酣醉中醒來，夏禹說：
後世必有因酒亡國之君
誰知帝王的金口玉言
首先應驗於自己的子孫

四

神話雖然只說儀狄是
禹妃帝女的侍婢
從一個疏字，我讀得懂
她跟大禹曾經有過的關係

五

疏遠釀造醇酒的美女
大禹的確勇於獨善其身
為天下計、為後世計　更應
力阻天堂的技術轉移紅塵

六

侍婢不懂聖王心懷千歲憂
怎麼也想不透失寵的原因
史冊、傳說裡找不到她的歸宿
想像中，寂寂長門，自釀自飲

「禹惡旨酒而疏儀狄」，拙詩所咏即此。

依據《上古神話演義》裡的記載，儀狄是帝女的侍婢，從帝女那裡學會了西王母瑤池的釀酒技術，在夏禹的宮中釀造旨酒供帝女飲用。一天，帝女見夏禹連日愁眉不展，商得塗山皇后的同意，才拿旨酒給禹解憂。哪知禹飲後酩酊大醉，誤了第二天的早朝，深自悔恨，也深覺酒之可怕；從此不再飲酒，也跟儀狄保持距離。

酒說

愛我的人很多
咒罵我的人也不少
細思自己幾千年的功過；
慶典成禮不可缺少
解愁助興更稱聖品
從沒毒時害過不自酖的人

這首詩跟中華歷史無關。寫完了「旨酒的故事」之後，心中總覺得世人把醉時所犯的種種罪惡都歸咎於酒，實在不公平，所以假酒之名爲酒說幾句自我辯護的話，特別收錄於此，博讀者一笑。

破三苗

帝摯栽種的禍苗
已被帝堯的姑息隱然養成大患
禹拯救人民於水災的同時
還替唐虞盛世鋤去了
隨時可能爆發的潛在叛亂

論功業成就
他足以俯視堯舜
頭頂的光環暗淡許多
乃因姒啓往上回撒了
厚厚的一層灰塵

依據《上古神話演義》中的記述，禹在震澤（今太湖）的治水工程完工之後，漸漸進入三苗國的境界。受到他們的阻撓；雙方開起戰來，便把三苗國滅了。驩兜逃往安南，他的兒子三苗（又名苗民）被殺。

拙詩第一行，指帝摯封驩兜於三苗之地。第二行指驩兜父子擴疆土，圖謀不軌，帝堯不予剿滅，令其坐大，姑息養奸。

二次避讓

舊戲重演
劇情完全一樣
結局也完全相同
只擔綱演出的
都是第二代演員

依據《白話史記》裡的敘述，帝舜推薦禹於上天作爲帝位繼承人，過了十七年而帝舜崩逝，禹服三年喪畢，就辭別了舜的兒子商均，而隱居於陽城，表示把帝位讓於商均。依據《上古神話演義》裡的記載，商均也躲避到陽山之南，陰河之北的地區，也表示謙讓之意。他們出一個二選一的選擇題給天下的臣民，天下的臣民選擇了禹。

由於第二次禪讓這一幕戲，跟第一次禪讓的舜避丹朱，幾乎是完全一樣，所以我以「舊戲重演」視之。

塗山大會

中華民族的
第一次萬國政治協商會議
也是非常成功的一次：
中央與地方心平氣和的
坐下來檢討施政得失

會上、帝禹虛心接受
各路諸候攻疵的諍言
留下聞善言則拜的美譽
會後大力革新，又樹立了
知過能改的最早、最佳典範

依據《中國人史綱》的記載，姒文命繼姚重華爲帝之後，決心使自己成爲一個強有力的元首。不久就召開全國各部落的酋長（諸侯）到塗山（陝西潼關）開會；但沒說及會議的內容。

依據《上古神話演義》裡的記述，因禹郊祭鯀而諸侯不服，祭後即不服而去的便有三十三國之多，繼而陸續不服的又有五十三國。禹爲了以溝通化中央與地方之間的誤會，才召開塗山大會。大會上，諸侯對帝禹有不少指責，也有不少建議，帝禹都虛心接受；會後又依會議所得到的結論致力改革。

夏時

顏淵問為邦
夫子開口第一件事：
「行夏之時」

有人說夏代曆法無其他優點
除了讓農民從從容容的
過一個快快樂樂的年

也有人竊竊私語
千古治平多少大事
夫子只想到如何過年
為政者最大的責任

應竭盡所能叫人民歡喜
也許正是夫子的深意

《禮記‧禮運》中有這樣幾句：「孔子曰：『我欲觀夏道，是故之杞，而不足徵也，吾得夏時焉。』最後一句中的「夏時」二字，指夏朝四時之書也。自漢武帝到清末皆用夏時（即農曆），以建寅月爲歲首。

臺灣的中學歷史課本裡說夏朝的曆法很進步。《上古神話演義》裡，說大禹受禪讓即帝位之後，即大會群臣商議一個朝代的制度。在曆法方面，以建寅月爲歲首，理由是：一個以農業立國的國家，其時令應該跟春耕、夏耨、秋收、冬藏的農事配合；所以，應該以春季爲一年的第一季。而冬季農閑，人民正好從從容容地慶祝新年。

鑄九鼎

十三年跟水災搏鬥
夏禹全國走透透
腳印繪的山川形勢　在胸中
拼湊成九州版圖　且加註
物產、民情、風俗

放下藁臿・執掌國柄
立即收九牧之金　銘鑄
當時的華夏封疆
永留國防經濟的施政藍本
也象徵自己九州在握的威榮

不過，他決沒料到也鑄造了

後世的不少問鼎英雄

《上古神話演義》裡說：「夏禹想起從前黃帝軒轅氏，功成鑄鼎，鼎成仙去。」所以他也決定鑄鼎。《畫說中國歷史》裡則說：禹要工匠們用上好的銅鑄造九個鼎，鼎上分別刻九州的風土民情和特殊產物。這九個鼎象徵天下九州，都在夏后禹的仁德教化之下。

歷史課本裡則說：「禹分天下爲九州，按各州土地的肥瘠及物產類而定賦貢。」又聽說禹把他所定賦貢準則，也銘鑄在鼎上，以作世代行政的依據。

會稽山大會

有人說：禹自認勳業彪炳
應受到天下諸侯的更多尊敬
才召開這次會議點醒他們

有人說：禹自認執政以來
對諸侯的政績忠誠考核嚴明
才召開這次會議公佈考評

也有人說：禹九鼎鑄成
人世心願皆了，自知即將回天庭
才召開這次會議宣佈繼位人

誰說的正確無從查證
其中兩種說法倒有些玷污

禹的賢名。何況
殺防風氏立威的確太殘忍
如果只因為他遲到、驕橫
更不該藉口大義滅親

依據《上古神話演義》記載，會稽山原名苗山，因禹大會諸侯於此山，評論諸侯的功過，才改名會稽山。又《中文辭源》裡對「會稽」二字的註解是：「山名。在浙江省紹興縣東南。相傳禹會諸侯江南計功，故名。」拙詩第二節據此寫成。

依據《畫說中國歷史》的記述：「禹的年紀將近百歲，深怕自己死後諸侯們不支持伯益，所以帶著伯益到東方巡狩，並大會諸侯，宣佈伯益是他自己選擇的繼位人。」拙詩第三節依此寫成。此書又說禹殺防風氏的目的是立威。

會稽山大會，防風氏遲到，禹把他殺掉。《中國歷代名人勝跡大辭典》裡則說，防風氏是禹的外甥：禹殺他是不循私的行爲。拙詩最後一節據此寫成。

又依據《上古神話演義》，禹東巡時到處見到諸侯歌頌堯舜的舊跡新痕，而覺得諸侯對他的崇敬，比對堯差些：拙詩據此寫成。

防風氏

赴會被戮
有人說遲到是取死之因
有人說恃功驕橫殺身
也有人禹為立威而滅親
太久遠的懸案無從查證
春秋時代會稽出土的巨骸
也只能說明
那兒的確是你埋骨之地

唯一毫無爭議的事實
你不是一個聰明外甥

依據《中國歷代名人勝跡大辭典》的記載：「防風氏，漆姓，禹之外甥。禹在塗山會各方諸侯，研討治水大計，衆人均準時到會，唯防風氏居功驕傲，不按期到達。禹執法如山，不循私情，斬防風氏於塗山腳下。傳說防風氏『尸倒九里，骨拉千車，血流上下紅（洪）』。至今塗山腳下仍有上洪村下洪村。」

又，《上古神話演義》裡則說，禹大會諸侯於會稽山，防風氏到來時會已開完，他不僅不認錯反而出言不遜，甚至對禹動粗，禹忍無可忍才殺他。

又，依《中華大辭源》的註釋，「昔禹致群神於會稽之山，防風氏後至，禹殺而戮之。」相傳春秋時代吳王築會稽城，一副巨大骨骸出土，一般認爲是防風氏的。

藏書・得書

有得書的神話
又有藏書夜譚
告訴後人無價的寶書
仍在紅塵中等待有緣
後來春秋時代
靈威丈人得書的傳說
自然是不能缺少的完結篇

《中國歷代名人勝跡大辭典》裡，有「大禹藏素書處」的記載。說大禹水治成功後，藏素書於江蘇省吳縣，洞庭西山東部的林屋洞中，春秋時爲靈威上人所得，獻於國王闔閭，無人能識，使人請教孔子，子曰：「此爲禹石函文也。」林屋洞又名「天下第九洞天」爲道教勝地，洞口上方有清代書法家俞樾篆書陰刻的「靈威丈人得大禹素書處」十字。但，並沒說明素書是甚麼書。

《上古神話演義》中，也談到「禹藏素書於各處」，但所說的與辭典中的記載頗不相同；顯然，這件公案，也只能姑妄言之姑妄聽之。

禹餘糧

功業之路已經走到了溪
再往前，便是十丈紅塵之外
那些吃不完也兜不走的
全部還之大地

帝女即席客串散花天女

依據《上古神話演義》中的記載，禹料理完了十丈紅塵中的諸事後，便對帝女說：「我們可以去了。」帝女點頭稱是。次日禹說有病。午餐時食慾大減，留下不少食物，左右要來撤去，禹止之，說：「寡人食餘之物，不可以再令他人食之。」並對帝女說，妳把剩食倒掉吧，算是紅塵中留一些紀念。帝女即用手抓起餘飯撒了出去，有些落在山中，有的落在江河沼澤。據說落入山中的變成了餘糧石，落在江河沼澤中的，都變成籐、篩草等可食之物。

餘糧山

在十丈紅塵裡留一塊
叫後人觸目懷德的看版
甚麼比碑、像、牌坊
更能吸引視線
帝女在心裡想：山

瑤池的仙術果然不凡
一小撮剩飯播撒山中
立即孳衍成遍山餘糧石
給後世的饑民裹腹
也在山中寫滿大禹臨去的故事

依據《上古神話演義》裡的記載，浙江省嵊縣北十五里有座餘糧山，以產禹餘糧石著名。

此山又名了山，山腳有了溪，意思是說禹的事功終了於此。

此書又說帝女撒入山中的餘糧，後來變成一種石頭，狀如鵝鴨之卵，破開幾層外殼，裡面有黃細末如蒲黃、或狀如牛黃，糜糜如麵，可食。

尸解

聽說血肉之軀是靈魂的牢房
大禹治水功德圓滿
才能從牢中把自己解放

我們大眾也都必走出臭皮囊
別以為刑期服滿開釋
只不過換一個監管的地方

依據《上古神話演義》的記載，「夏禹自從生病之後，病情日日加重，且不進醫藥，到了晚間，除了帝女外不許別人到房中伺候。一日、夏禹忽然起來，沐浴更衣；到得夜間，左右之人覺夏禹所住的院內，光明四徹，且人語甚雜，不知何故。次日進內一看，夏禹服冠整齊仰臥床上；近前細看，已經嗚呼；帝女不知去向。」這一段文字描寫夏禹臨死的情形。

道家說：人留下形骸成仙而去，謂之尸解。

但，死亡和尸解有何不同呢？拙詩試答此問題，不值方家一哂。

貫胸國

聽說國裡的人民都是
防風氏復仇志士的後代
人人胸部都遺傳一個透明的窟窿
紀念祖先的壯烈忠勇

聽說他們報仇不成
伏劍實踐不共戴天的誓言
聽說死後被神仙救活
接受指引到海外另覓藍天

聽說九州之外還有九州
之外還有、之外還有……
卻沒聽說你們的國

在哪一大九州的哪一州
不能組團去觀光旅遊
多交一些肝膽相照的朋友

依據《上古神話演義》中的記載，禹殺防風氏之時，防風氏的兩個部屬大叫道：「不報此仇，誓不甘休！」然後快速逃走。後來禹戶解，天帝派范成光迎接他的靈魂登仙，但登仙之前必須了一件俗務。換言之，必須先化解這一仇怨，因防風氏的那兩個部屬，還在圖謀報仇。所以范成光便帶領禹找到二人。但禹此時已是天上的神仙，不是凡間肉身，那二人無法殺他，不能不報仇，便雙雙伏劍而亡。

禹見到這個場面，於心不忍，便央求范成光把他們救活；可是，救活後還堅持要死，問他們爲何如此固執，他們說：「我們不願跟禹共戴一天。」范成光便指點他們回到九州之外，另覓一個生存空間，娶妻生子，子孫竟然繁殖了一個國家，但，這個國家的國人，胸部都有一個透明的窟窿；因爲當年范成光只救活了二人，沒塡好二人胸口的窟窿，他們的子孫受到遺傳。所以這個國家名叫貫胸國。

夏啟的傳說

啓母石

一

即將臨盆的孕婦　因意外
被丈夫的開山化身
羞散了七魄三魂
轉身逃離的軀殼
一路上漸僵、漸冷
嵩高山下，終於停足
成沒體溫又不能動彈的石頭

（似乎是天意）

二

他及時追到
大呼「還我子來」
妳的性靈未泯
一石片應聲裂開、墜落
幾乎同時
揖讓盛世終結者
呱呱墮地
（也似乎是天意）

三

今天，相對而立
讀妳，我讀

一團煙霧的晦麗

啓母石在河南省登封縣城北三公里嵩山南麓，爲一巨大山石，高十餘米，周圍五十餘米；北側裂開一塊，倒仆一旁。

相傳大禹治水鑿轘轅山之時，跟妻塗山氏相約，聽到鼓聲就給他送飯來。一天，山石誤中鼓，鼓響；塗山氏提著飯菜前去，看見禹正化身一隻大熊在努力開山，引以爲羞恥，轉身離去，至嵩高山下化爲石。因塗山氏當時有孕且即將臨盆，禹追到大喊「歸我子！」石破北方而啓生，啓之名也由此得來。換言之，啓母石是啓的母親所化的，但那塊石頭的外形根本不像一個人，故有拙詩最後一行。

啓母石有兩塊，另一見前輯〈望夫石〉。

帝啓

一

不是丹朱，也不願作丹朱
不是商均，也不願作商均
你有充分的理由阻止
你的老爸為堯為舜

太康比丹朱更丹朱
也比商均更商均
如果你是大公無私的明君
自己毫無理由不為堯為舜
你不成堯成舜，揖讓昇平

就不能重返政治舞臺，從此
篡弒爭奪戲碼一幕一幕上演
亂臣賊子一個一個粉墨登場

二

沒坐穩大位之前
身披一件道德的外衣
看起來似賢似聖

已坐穩大位之後
袒露的荒淫肌膚
證實你非賢非聖

似賢似聖又非賢非聖
應該怎樣稱呼你
啊，欺騙天下蒼生的梟雄

啓，禹的兒子，因他賢明，所以夏民擁戴他而不擁戴伯益。因此，揖讓天下的承平盛世，被他畫下了一個句點。

有人說夏啓沒坐上王位之前，及坐上了王位沒掌穩大權之前的這一段時間，他擺出一副道貌岸然的樣子，給人一副賢君聖帝的模樣。等大權在握之後，就開始縱慾荒淫，所以到他的晚年，夏朝的國勢已經很衰落了。

第三次避讓

一齣舊戲第三次上演

前半齣
兩位男主角的表現中規中矩
觀眾已經開始騰出雙手　準備
給樣板式的結局樣版式的掌聲

後半齣
突然大隊、大隊的
臨時演員不照腳本演出
觀眾的手全都僵在胸前

由於千古儒生皆說

新結局合情合理
便沒人細究脱軌演出的因由

第三次避讓，指伯益把天子的大位讓給姒啓。

依據《白話史記》裡的記載，夏禹崩逝之時，把天下授給伯益，三年的喪服完畢之後，伯益就避居到箕山的南面，把天下讓給姒啓。啓有賢德，天下的人民都希望他子承父業。還說「啓是我君的兒啊！」

天下諸侯及百姓都歸姒啓，伯益便以隱逸之士終老箕山。

《白話史記》裡沒說到啓避讓伯益的事。不過，《上古神話演義》裡則說，禹和帝女跨青龍仙去之後，伯益及姒啓守孝三年，伯益就避居陽城，啓也避居於禹始封的夏邑，互相謙讓。拙詩第三行指此。拙詩第八行中的「臨時演員」一詞，指全天下的人民而言。

這兩本書都說到伯益輔政的時間太短，恩澤未及於民，所以人民不擁戴他。他輔政的時間短，因為他不是禹第一次指定的承人。禹先指定皋陶為繼承人，因為皋陶的條件比伯益好得多。不過，皋陶的年齡比禹大，指定一個比自己年長許多的人作自己死後的繼承人，不是陰謀，便是笑話；所以，拙詩的第三節不能略去。

殺奪

如果殺益奪位的傳說為真
啓便是毀棄天下為公政體的
賊子亂臣
變調的三次避讓說
便是史官的自牌七色油彩
把啓那張充滿罪惡的臉
修飾為神聖的容顏

有人說「第三次避讓根本是虛擬的故事，事實上是啓帶兵攻益的家，把他殺掉奪走王位」，不過，說這種話的人，畢竟是少數。

有扈氏

唯一為反抗家天下而戰的諸侯
再戰而敗亡
歷史的腳步蹀血走向
世襲、爭奪、篡弒交錯的
四千年罪惡之路

為維護揖讓政體
而犧牲的第一個諸侯
毋論敗亡於驕或敗亡於無謀
四千年後、英靈不泯
請聽我頌讚民主先鋒的朗吟

夏啓即位，天下的諸侯只有有扈氏站出來反抗。啓親自率兵征討，大敗而回。他回去後，發奮振軍經武，準備再跟有扈氏再決一死戰，結果有扈氏敗亡，啓的統制權穩固。

少康中興的故事

太康

既然喜愛逸樂
就不該扛起沉重的責任
把它推到別人的肩頭
自己就是快樂閑人

順手把堯冠舜冕
戴上老爸和爺爺的頭
你又成了孝子賢孫

生命的三岔路口你沒停看聽

就順著老爸的方向踏上

有國有家歸不得的流放前程

太康、啓之子；因好遊獵而荒廢國政。一次出獵太遠被后羿阻斷歸路，只得逃到斟尋，過著流放的日子。

仲康

一

史官只說是太康之弟
卻沒說排行第幾
也許他們認為　名字
已給了讀者足夠的消息

史官只說遵后羿之命
遞補太康出亡的遺缺
卻沒說可是來自洛水畔
一路唱著五子之歌

二

夏代
第一個家天下王朝
后羿
第一個篡弒賊臣
你啊
第一個受賊臣操控的君王

我知
後代向后羿學樣的賊臣不少
卻不知啊
傀儡戲的問世，應不應該
列為你對藝術的貢獻

仲康，亦稱中康；太康之弟。后羿逐放太康後，立他爲傀儡夏王。

有窮后羿

名字都叫羿
他是唐堯的射日英雄
你是夏王朝的一個諸侯
都是神射手
他為百姓除六害
受天下人民的崇敬
你開篡弒的先河
又被洶湧的河濤滅頂
名字都叫羿
又都是神射手
我只得在你的姓名上

冠你的國名

向讀者説明不是嫦娥的丈夫

中國古史裡有兩位射術高強的羿，一位是唐堯的射官，有名的射日英雄，也嫦娥偷藥奔月神話的男主角。另一位是夏太康時代才出現的一位諸侯，有窮國君。他後來逐放太康，扶立太康的弟弟中康，他獨攬朝政。等傀儡國王中康死後，他便欲自立，無奈夏朝的舊臣不反對，堅持由中之子相繼位，他只得忍耐。不久，他逐放相達到自立爲王的目的。後爲寒浞所殺。

又：仲康亦稱中康。

羿妃

妳絕對不是嫦娥
也許妳跟她一樣美麗
她愛仙偷藥奔月一去不返
妳戀奸情熱殺夫改嫁
雖然丈夫也叫羿也是神射手
妳絕對不是嫦娥

羿妃究竟姓甚名誰，我的手上沒有資料。只知她跟寒浞私通，並合謀殺羿，奪走羿的全部所有。她嫁給寒浞之後，給他生了兩個兒子。

姒相

是天意吧，為了給姒家
一個騂且角的後代
故意洩漏后羿磨刀的聲音
把你驚嚇成一頭逃命的犁牛

也是天意吧，縱你逃離屠場
只是暫緩該受的一刀
借給你的時間不多不少
剛夠完成種牛的一次責任

依據《畫說中國歷史》裡的敘述：仲康死後，后羿便想自己爲王。可是大臣們都提議由仲康的兒子相繼位。后羿因沒當成夏王心中十分不爽，他身邊的親信見他整天悶悶不樂，就建議他派一個殺手偷偷地去把相殺掉。后羿欣然接受了這個建議。但，有人得知這個消息，急忙通知相亡命他國。直到寒浞殺羿之後，派兵滅了收留姒相的斟灌國，才逼他自盡。

又，依據《中國人史綱》及其他多種史料，中興夏代的少康，是相的遺腹子。

拙詩以前述的史料爲素材寫成。

后緡

懷著丈夫遺留的唯一希望
從狗竇逃得性命
牆外
千山萬水，道途蛛網
下一步該怎樣邁出

也許是姒家的祖先護祐
也許是中華女兒的本能
驚惶憂懼中獨行
竟能逃回娘家，生下
一代中興帝王

后緡，是姒相的妻，跟相一起亡命斟灌國。

寒浞殺了后羿奪得王位之後，耽心相回去跟他爭天下，便派自己的兒子澆率兵去攻伐斟灌。澆滅了斟灌，並搜捕到藏匿的相，逼他自殺，再砍下他的頭回去交給寒浞。

相被殺時，后緡已有孕；而且僥倖逃得性命。據說她從狗洞裡逃出了澆軍的圍捕，逃回她的娘家有仍國，生下相的遺腹子少康，扶養他長大。

少康

太康獵取禽獸的歡樂
后羿獵取太康的歡樂
寒浞獵取后羿的歡樂

他們
獵走了各自的歡樂
也獵走了各自的敗亡

他們
留給你中興大業
也留給你完成大業的困苦艱險

少康，姒相的兒子；於姒相被殺後，生於有仍，長於有仍。

少康生得英俊武勇，最擅長騎馬射箭，也每天勤練其他的各種武術，立志報仇復國。有仍的國君非常欣賞他，提拔他任牧正，牧正就是主管畜牧的最高長官。也許由於他鋒芒太露，他大名終於傳到了澆的耳朵裡，澆向寒浞稟報，寒浞立即下令澆率兵攻打有仍國。少康見澆的大軍殺來，便趕忙先安置好他的母親，再離開有仍國去逃命。

少康逃到有虞國，並在前朝遺民靡的協助下，完成了復國大業，成了中國歷史裡最有名的中興君主。

虞　思

不虞不思，閉起眼睛
踏上有仍氏亡國的喪家之路

山不轉路轉，再睜開眼睛
已走回姒家的大好江山

后羿的兒子澆率兵攻打有仍氏，少康只得逃命；他逃到一個名叫有虞氏的國家。有虞氏是虞舜的後代，當時的酋長名叫虞思。他非常喜歡少康的才志，所以把兩個女兒嫁給他，還給他一個「庖正」的官做；又賞他一個叫做綸的小城。城裡只有方圓十里的土地，五百多個居民。後來少康就以綸爲根據地，完成中興大業。虞思又名姚思。

庖正，是掌官酋長宮庭飲食的官。

一成一旅

五千年中華歷史裡
功用最大的一筆嫁妝

依據《畫說中國歷史》：「少康的岳父賞給他一個叫做綸的小邑，邑裡只有方圓十里的田地和五百多個居民。」拙詩中的嫁妝，指此而言。

又，依據《中文辭源》：十平方里的田地爲一成，五百人爲一旅。《左傳》哀公元年的記載：「夏少康以一成一旅中興夏代。」而這一成一旅就是他的岳父給的。利用岳父給的嫁妝中興了夏朝，所以我說這一成一旅，是有史以來，功用最大的一筆嫁妝。

靡

在水泥還沒發明的遠古
你便用夏朝的旗幟為水泥
把反抗寒浞的散沙
凝集成少康復國的勁旅

依據《話說中國歷史》的記述上，夏少康復國工作中，有一件很重要的事，便是找到了逃到有鬲氏的夏朝舊臣靡。又依據《中國歷史五千年》中的記述，靡滿懷忠心，決意幫助少康中興。由於太康流亡到斟鄩國的時候，帶去了不少夏臣，斟鄩國被滅時，夏臣逃命散居該國的各地；他們很想推翻寒浞；靡便以斟鄩爲根據地，聯絡復國志士，招兵買馬；並以夏朝的旗幟做號召。又由於天下百姓都感大禹治水之德，一見夏朝旗幟就紛紛響應。後來少康合綸及斟鄩國的兩股力量，才能完成中興大業。

女艾

不會築城牆掘城壕的時代
偷襲最易克敵致勝
少康從滅寒浞的經驗學習
沒學到建構防禦工事
卻派出了歷史上的
第一個細作

《中國人史綱》裡說，夏少康時代，還沒有城寨溝壕之類的防禦工事，他的復國基地（蒲阪）距寒浞的首都（安邑）只有一百多公里，所以少康發動奇襲，很快就衝進皇宮，把寒浞殺死。《畫說中國歷史》裡又說，少康在朝廷裡挑選出一位大臣女艾，予以一些特殊訓練，並派在澆的身旁，隨時報告澆的行動，有了女艾這位間諜，少康便不怕澆來偷襲。

帝予

心中有一口源源湧愛的井
你用愛灌溉一世偉業殊勳

你的愛富庶了百姓
你的愛哺乳了國力
你的愛發明了盔甲
蔽護征戰的將校兵丁

然後，刀槍不入的勁旅
禦侮拓疆，發揚光大炎黃文化
為我們的國 打造一塊
「華夏」的金字招牌

依據《畫說中國歷史》的記述：「少康將王位傳給幫助中興有功的兒子季杼；季好繼承了父親愛民的美德，仍然努力照顧老百姓的生活，使夏朝更其富強康樂。不過，鄰國時常侵犯邊境，造成慘重的傷亡。季抒心想：有些動物用堅硬的皮革或甲殼來保護自己，人應該也可以呀！於是他用厚厚的皮革製造了盔甲，將士穿上跟敵人作戰，果然傷亡大減，夏軍也成了所向披靡的勁旅。不僅足禦外侮，反而向外擴張領土，所以季抒在位期間，夏朝的國勢，達到了強盛的頂點。」拙詩以這一段記述爲素材寫成。

依據《白話史記》的記載，夏少康死後，子帝予繼立。故拙詩以〈帝予〉爲題。但高中課本裡，亦作帝杼。

孔甲

夏代國勢下滑的坡度
到你這裡變得更陡
做了三十一年的君王
荒淫迷信、亂禹法制之外
只在史記留下一則
謬悠的養龍食龍傳說

依據《白話史記》裡的敘述：孔甲即位後，荒淫迷信，夏后氏的德教敗壞不堪，不少諸侯背叛。此時天降二龍，一雌一雄，孔甲不知如何餵養，便找會養龍的人；後來找到劉累，就交給劉累餵養；但他的技術不高明，把雌龍養死了，就把它做成肉醬給孔甲吃。因龍肉味美，孔甲吃了還想再吃，派人向劉累索取，劉累無法繼續供應又怕被罰，便逃之夭夭，孔甲得知詳情後氣得七竅生煙也無可奈何。

又依據《中國神話與民間傳說》：劉累逃走之時，那條雄龍全身鱗落盡，已經奄奄待斃。

幸虧找到一個名叫師門的人（相傳是仙人嘯父的弟子），頗有些道行，雄龍在他的照顧下，很快就恢復了健康。但師的脾氣不好，常常頂撞孔甲，孔一生氣就把他殺了，孔甲也被師門崇死了。

末代夏后的傳說

夏桀

力能伸鐵鉤的君王
勇能徒手伏虎的君王
勞民傷財建築傾宮瓊臺的君王
設置肉林酒池的君王
誅殺忠臣諍臣的君王
炮烙無辜的君王
家天下王朝的第一個亡國君王
儒家塑造的第一個暴虐君王
他狂傲的向全民宣稱：
自己是永不墜落的太陽

夏桀，名叫姒履癸，是夏朝的第十七位君王，也是夏朝的末代君王；歷史裡鼎鼎大名的暴君。史官及儒生給他的造形及加在他頭上的罪狀，幾乎都列舉在拙詩中。

想起夏桀，一定會想到妹喜，他寵愛的美麗女人，這一首詩沒提到她，後面的一首詩是專爲她寫的。

夏桀伸鉤

沒有治鐵煉鋼技術的時代
沒有製鉤技術的年代
姒履癸表演大力士的道具
查遍典籍不知從何處得來

想像中，定是道家高人
盜自九重天上的神仙府

想像中，夏桀的某位佞臣

已經發現時光隧道
想像中，他能由隧道
往返後世的五金店
易如往返當時的市井

《中國人史綱》裡有這樣一句話：夏桀能用手拉直彎曲的鐵鉤。可是，在一句的後面又加了幾句：有兩件事是可以確定的：那個時代中國沒有鐵，更沒有鐵鉤。拙詩據此寫成。

妹喜

夏桀的戰利品
貌美，才當上王后
稱不稱職，雖已無從考證
沒鬧緋聞，沒插手朝政
倒是不爭的事實

撕許多絹帛悅耳
的確太不知惜福
卻不是她提出的要求
不知千古儒生為何
硬要她的那雙白嫩、柔弱
不勝姒履癸佚倚的香肩
揁起亡國的大半責任

依據《中文辭源》，妺（ㄇㄛ）喜，夏桀的妃子，有施氏的女兒。有施氏原爲喜姓。相傳有施氏被夏桀打敗，便獻上妺喜以免滅亡之禍。《楚辭‧天問》裡作妺嬉。《荀子‧解蔽》，《史記‧外戚世家》，《漢書‧外戚傳》均作末喜。現在很多讀書人，都錯認「妺」爲「妹」。

傾宮

不是比薩斜塔式建築
名字來自落帽的仰望

依據《畫說中國歷史》：夏桀一見到豔如桃花的妹喜，就深深爲她著迷；爲了博得她的歡心，他不惜動用大批民伕建造了一座傾宮。傾宮名字的由來，是因爲它太高，舉頭仰望的時候，頭暈目眩，好像就要倒下來。

又：《中國辭源》對傾宮的註釋是：傾宮乃高巍的宮殿。傾，形容其高聳如欲傾墜。

琬‧琰

聽說妳們也是夏桀的戰利品
我信，自古
暴君征戰多為財寶美人

聽説妳們很得夏桀的寵愛
我信，如果
妳們的美麗足以俘虜他的心

聽説夏桀為妳們建築瑤臺
我信，因為
亡國之君都恣意勞民傷財

聽説夏桀為妳們冷落妹喜
我信，從來
貪淫之徒無不厭舊喜新

可是，傳言如果真的可信
為何妳們走過千古儒生的筆下

夏朝亡國的罪責，竟然
點墨不沾身

《繹史》裡有幾句話：「后桀命扁伐岷山，岷山女於桀二人，曰琬、曰琰。后愛二人，斲其名於苕華之玉，而棄其元妃於洛，曰妹喜氏。」《畫說中國歷史》裡也說，桀爲琬和琰建造一座瑤臺，臺上掛著一塊用寶玉製成的匾額，匾額上彫刻了四個字：「苕華之玉」。但，很多典籍中，只罵妹喜是亡夏的禍水，沒提到琬、琰二女，頗覺不解。

拙詩依前述的資料寫成，並提出我個人的疑問。

瑤臺

夏桀的藏嬌屋，相傳
以比金更貴的美玉建成
不計工價，為琬琰
遍查典籍，不知座落何處

可與傾宮比鄰，分享
一個酒池，十里肉林

或者相去甚遠
另有不為人知的遊樂設施
更豪華，更討美女喜歡

瑤臺、傾宮是夏桀的兩大罪證，既然寫他的故事，就不能漏掉。而且瑤臺和傾宮的位置相對，也引人遐思。

建築術

中學歷史課本說：
黃帝初創的建築技術
到夏代有突破性的進步

它說的不錯，如果
傾宮瑤臺真如傳言般巍峨
更不是渲夏桀罪狀的筆墨
可惜它沒說明：
是暴君推動了進步
還是進步加大了暴君的欲壑

國中的歷史圖表裡，列出了夏代在文化上的兩項重要成就，第一項就是建築技術。並說近人發掘「二里頭文化」遺址，依據所得的資料推斷，認爲夏朝的人已能修築城牆，並能建築大型宮殿。

我把建築技術和傾宮瑤臺聯想在一起，寫成拙詩。

又，《畫說中國歷史》裡說，夏桀爲妹喜建傾宮，又爲琬、琰建瑤臺。

《中國名勝詞典》中說，二里頭文化遺址在河南省偃師縣西南，其文化可分爲四期，第三期發現大型宮殿基址，面積一萬平方米。又說第一、二兩期屬於夏文化，第四期接近二里崗發現的商代文化。依據這一段資料，我把夏代建築技術跟傾宮、瑤臺聯想在一起，應不算是天馬行空。

肉林

史官列出的暴君罪行
儒生口誅筆伐幾千年
我再三思索還不明白
保鮮保潔問題如何解決
尤其在
蠅類孳生的暖季熱季
或者風起塵揚的日子

《畫說中國歷史》裡，有這麼一段記述：「夏桀在傾宮的廣場上種了好多樹，並且命令僕人在樹上掛滿香噴噴的烤肉，稱為肉林。肉林長達十里。」但沒說多寬。又說：「桀要宮裡的三千名像般集合在廣場上，聽他的鼓聲指揮，就趴在酒池裡喝酒，或進肉林裡吃肉。他跟妹喜以此為樂」

拙詩暗示此說不可信。

酒 池

那麼大一池易燃液
不停地蒸發易燃汽
始終沒發生過火災
我不知應不應該
頒給暴君的消防團隊
一塊又漂亮又大的獎牌

依《中文辭源》的解釋：酒池，言以酒爲池。又，桀作酒池糟堤，一鼓而牛飲者三千人。《中文辭源》裡還有肉林酒池一詞，其解釋爲：「帝紂以酒爲池，縣（ㄒㄩㄢˊ）肉爲林，使男女倮相逐其間，爲長夜之飲。」

拙詩暗示此一傳說不可信。

炮烙

我知那是一種極殘酷的刑罰
我知刑具是又粗又長的銅具
被下面的烈火燒得觸木生煙
但我不確知
它是直立熊熊烈火中
像一架難攀的天梯
或是橫臥大火坑上
像一座過不去的獨木橋

炮烙是夏桀最殘暴的罪行，寫他的傳說決不能不給他一首詩。不過，桀究竟炮烙了多少人、炮烙了那些人，我沒有甚麼資料。但關於那根銅柱的架設，卻有兩種說法：豎立在火坑上，及橫躺在火坑上。拙詩便以這兩種不同的說法爲素材寫成。

干辛

聽說你的日常工作
是專為夏桀探尋美貌女人

聽說你拍馬的手段高明
很得夏桀的寵幸

聽說你是諸侯納賄的窗口
常常有三分肥的差事經手

聽說你的作風十分四海
拿人錢財一定替人消災

聽說成湯能從鈞臺逃生

全賴你旋乾轉坤的本領

依據《畫說中國歷史》裡的記載：干辛是夏桀身邊最得寵的大臣；並說他是一個不學無術的小人，唯一的長處就是奉承諂媚。還說他知道夏桀最喜歡美女，所以他和另一個奸臣曹觸，每天到民間去給夏桀搜尋美女；似乎那就是他們的日常工作。

伊尹得知成湯被關進鈞臺之後，便想辦法營救。他打聽到夏桀非常信任干辛，非常聽他的話，便送了一個大紅包給干辛，並經由他這個窗口，送了許多財寶美女給夏桀，換回成湯的自由。

關龍逢

只見君上的罪過
不見自己已身陷險境
你究竟是忠還是愚蠢
九千年後，很難考證

如果一個暴君的敗亡
必須諍臣殉葬
你便是家天下王朝的
第一隻有名有姓的俑

始作俑者，是：
把「忠」字越寫越大的
後世儒生

關龍逢《中國歷代名人勝跡大辭典》裡作關龍，又名豢龍逢，並說他是古代豢氏的後人，夏桀的大夫。夏舛無道，關龍逢極忠，桀因而殺之。是中國有史以來，第一個因強諫被殺的諍臣。

有娀之戰

這一場大敗仗
可能幫助姒履癸記起

遠古神話裡的一位英雄
——羿

有娀，古國名；契的母親簡狄，就是有娀國君的女兒。國境在現在的山西省永濟縣。成湯滅了昆吾，又得到九夷的支持，便自號武王，發兵攻夏，夏桀親自率兵迎戰；戰於有娀國的國都附近，桀軍因士氣渙散而大敗。

由於夏桀曾經說過：「吾有天下，如天之有日，日亡，吾乃亡耳。」拙詩利用羿射九日的神話，暗示他的末日已經到了。

鳴　條

商湯追擊
夏桀反撲
腥風血雨天昏地黯中
家天下之後，歷史的馬車
在這裡，第一次

改朝換代的險惡急轉彎

依據《中文辭源》中的第二解：鳴條爲「古地名，又名高侯原；即成湯敗夏桀處。其地所在，異說甚多，已難確定。依據《畫說中國歷史》的記載，夏桀敗於有娀之後，倉皇逃命，商湯在後追趕，追到鳴條追著了，又大打一仗，把夏桀的軍隊完全擊潰。」

由於這一敗註定了夏代覆亡的命運，故有拙詩的後三行。

三嵏之戰

家天下的鑾輿要轉換馳道
突然一隻螳螂奪臂阻擋
沒剎車裝置的歷史巨輪一輾而過
留下殘户斷臂宣告：
決不給重傷的太陽

東山再起的機會

依據《中文辭源》：三嵕，古代國名，在今山東定陶縣境；亦作三朡、或三鬷。

依據《畫說中國歷史》：夏桀在鳴條大敗之後，又逃到三嵕國，向三嵕國君乞求保護，獲准。商武王的大軍追到。向三嵕國君要人，他不交人，便發生三嵕之戰。戰爭結果，三嵕滅亡，夏桀逃往南巢。

三嵕國君

交出姒履癸
你就是保身保家的明君
也是愛國愛民的賢君
他帶著逃命的大批珍寶
或許還能分到一杯羹
為何反向操作
不必說明理由

在那君權至上的遠古
你的子民沒有知的權利
只能跟你一起承擔後果

《白話史記》有這樣一段：「桀在有娀故都失敗後，逃往鳴條，夏軍徹底潰敗。湯於是訝打三㚇，取其地的寶玉。」《畫說中國歷史》裡的記述則是：夏桀在鳴條再吃敗仗之後，便逃到三㚇國乞求保護。三㚇國君收容他，成湯的大軍追來，要三㚇國君交出夏桀，三㚇國君不肯，於是湯滅了三㚇。雖沒捉到夏桀，卻擄獲了他攜帶到三㚇的很多寶玉。拙詩以《畫說中國歷史》中的記述爲素材而寫成。第二節借古諷今，領導人爲了個人私利倒行逆施，人民沒有知道眞相的權力。

日落南巢

不認識墜落二字的太陽
懷抱著縱虎反噬的悔恨
懷念著一去不再的歡樂・權威

在這裡慢慢咀嚼夕陽的
滋味
從四面八方湧來的暮色
如緩緩下垂的舞台布幕
以觀眾散盡的寂寞宣稱
一代興亡大戲・已經
劇終

南巢，古地名；商湯滅了三㚇，夏桀便跟妹喜逃到南巢，商湯又派人追到南巢，把他和妹喜關進小屋裡，並派人日夜看守；供給他們的食物，只夠一飽；當然不是珍饈美味。

失去了權位，失去了奢華的享受，又失去了人身自由，夏桀在小屋裡，天天抑鬱不歡，天天後悔沒把湯殺在夏台，縱虎歸山反受他害。不久，就鬱鬱而死。

商

三代的第二個王朝

從始祖的封地興起
最先拜祖敬畏鬼神的族群
成湯征葛，炎黃子孫間
第一次因習俗差異引發的戰爭
代夏後，他們獨有的信念
漸漸演進成慎終追遠的文明
子孫遷都、改國號。所以
稱商、稱殷、又稱殷商

商，成湯滅夏建立的王朝的國號。祖先名契，助禹治水有功，舜命他任司徒，主管教育，並封他於商地，賜姓子。自契至湯曾八次遷都，湯都亳，但都沒改國號，傳至盤庚遷都於殷，並改國號爲殷。

成湯的傳說

成湯

繼羿浞之後
你是搶奪姒家龍椅的第三人
他們先後敗死，沉淪為
後世唾罵的篡弒賊臣
你革命成功，躍昇為
後世歌頌的聖王仁君
之間如此巨大的差異
只在於

你肯多費一道手續：

先搶走姒家百姓的心

成湯，姓子，名履，大家叫他天乙；商朝的開國君主・卨（《白話史記》裡作契）的後代。卨助禹治水有功封於商地，故以商爲國名。故成湯亦稱商湯。

夏桀暴虐無道，成湯滅夏建立商朝，都亳邑；史家稱爲貴族革命。革命戰爭一開始，就自號商武王，把自己擺在跟夏桀同等的地位。

柏楊在《中國人史綱》裡說，成湯之所以成功，有三個原因：第一、他跟當時勢力強大的有莘部落結盟；第二、他有卓越的見解，在鬥爭中一直掌握主動；第三、宣傳戰成功。拙詩第三節所指，即他收買民心的宣傳戰。

網開三面

放飛一個新興起的王朝

依據《實用成語辭典》的註釋：「史記殷本紀：『湯出，見野張網四面，祝曰：（自天下四方，皆入吾網。）湯曰：（嘻，盡之矣。）乃去其三面。』」這一段文字譯成白話便是，湯出外巡視，見曠野裡有人四面張網，，並聽到那人對天祈禱，願來自天下四方的飛禽走獸，都進入我的網中，被我捕獲。湯說，鳥獸要絕種了，便去掉三面的網。

儒家說成湯是一個仁者，恩及禽獸。柏楊說這商湯收買人心的宣傳戰。

我以這個故事爲題材寫的第一首詩是：

我看網開三面

戴上儒家的德行眼鏡
我看見一位恩被禽獸的仁君

戴上謀客略家的統戰眼鏡
我看見成湯一網網盡天下民心
戴上經濟家的孳乳眼鏡
我看見魚肉的供應無窮無盡

兩天後，靈感突然造訪，又寫成了一首一行詩。沉吟再三，我覺得一行詩留給讀者的想像空間較多，所以把它作爲正選。

夏臺

夏啓登位大典宴饗舊址
成湯應邀進來之後才發現
已經安裝了新鑄的銅門窗
赴會的只自己一人

他若無其事的就座
臉上微微笑意一現即逝：
你發明了政治犯監獄
我有開啓獄門的萬能鑰匙

依據《中國名勝詞典》，夏臺又名鈞臺，在河南省禹縣城北門，夏代歷史遺跡之一。禹治水有功，舜封禹爲夏伯于夏邑。原臺位於縣南十五里，早圮。明嘉靖十年（1531），知州劉魁在縣治北門建禹、湯廟，至清康熙三十八年（1699），知州劉國璧才在廟前建大門，題名「古鈞臺」。清末毀於兵火，現存臺基，高四・四米，寬七・四米，長六・一五米。臺南過洞兩側刻有楹聯：「得名始於夏，懷古幾登臺」。

依據《畫說中國歷史》，夏臺是啓爲了祭祀神明而建的；《左傳》昭公四年，也有「啓有鈞臺之享」一語。《中文辭源》對鈞臺的解釋很簡單：「夏代監獄名」。依據多種有關成湯革命的史料，都說夏桀曾囚成湯於夏臺，伊尹送金銀珠寶及美女給夏桀和他的近臣打通關節，湯才能出獄返國。拙詩以這些史料爲素材寫成。

我們常以「鐵窗」象徵監獄；但夏代還不會冶鐵，所以拙詩第三行中，以「銅門窗」代替。至若「萬能鑰匙」則指賄賂——金銀珠寶美女而言。

湯之盤銘

成湯鏤刻在盥洗盤上的
自我要求：
天天給生命一個全新的面貌

盤銘，是古人刻在盥盤上的銘辭。《大學》傳十章之二，「湯之盤銘曰：『苟日新，日日新，又日新。』」這三句銘辭的意思是：「如果能滌除身心沾染的污垢，就刻天天滌除心身上的污垢，不斷地滌除身心上的污垢。」

葛伯

手握討伐你的大權
擁有滅亡你的武力
你居然為他製造出兵的藉口

成湯必定高興得笑掉了大牙
如果他有併吞你的企圖

葛伯是成湯的鄰國之君，他放縱不敬，很久沒祭祀祖先。成湯身爲方伯，負有督導他的責任，便派人去查問原因。葛伯的回答是「沒有可作祭品的上好牲畜。」成湯便派人給他送去一大群肥美的牛羊。他卻把這些牛羊吃掉，仍然不祭祀祖先。成湯得知後，又派人去責問；葛伯的回答是「沒有可作祭品的好米糧。」成便下令亳邑的壯丁，先放下自己手頭兒的工作，到葛國去幫他們種植祭祀用的米糧，並令亳邑的老弱婦孺，給到葛國出差的壯丁送酒食。沒料到葛伯竟暗地裡招集一批無賴搶奪那些酒食，還殺了不少老弱婦孺。

拙詩第三行中的「爲他製造出兵的藉口」九字，即使葛伯的這些胡作非爲而言。

成湯征葛

是有道伐無道
是為被殺害的人討一個公道
如果他沒有不臣之心

是第一次剪除夏桀的羽翼
是第一次滅國壯大自己
如果他已有商代夏之意

依據《畫說中國歷史》裡的記載，成湯聽說亳邑的老弱婦孺被葛伯劫財害命的消息，憤怒萬分，就決定親自統軍討伐葛伯；一來懲罰他的胡作非爲，二來替無辜被殺的族人報仇。

葛伯不是成湯的敵手，戰敗被殺，國也滅亡了。

伊尹

你登上相位的歷程
有幾種不同的傳聞
卻不外乎兩種途徑
成湯禮聘，自己鑽營

時間變開國宰輔為託孤重臣
又有一聖一賊兩種記錄：
攝政還政、致太甲為明君
步羿浞後塵，他學少康中興

伊尹本名伊摯，據說是黃帝的輔臣力牧的後代。相傳他一生下來就被丟棄在桑樹中，被一個姓侁的女子拾回去撫養長大；由於他從小跟養母住在伊水河畔，故以伊爲姓。關於他仕進的方式，有多種傳說：一說、他是一位有才智有學識的隱士。由於成湯的左相仲虺一再推薦，成湯才連續五次派人聘請，他才出山擔任成湯的開國宰輔。二說、伊尹原本是成湯王妃的陪嫁奴隸，在宮中利用服役的空暇，勤讀成湯的藏書，後來滿腹經綸，得到成湯的器重。三說、他懷才不遇，自願爲王妃有莘氏的奴隸，掌理烹調，以美味悅成湯，得他任用。四說，他爲有莘氏諸，手握強大的兵力，成湯得不到他的幫助，滅夏決難成功。拙詩第二節的史料說明，見〈太甲〉一詩，此處不贅。

五薦伊尹

心理建設的先例
質變量變策略最早的運用
集五次失望成絕望
折下夏庭一大根柱作材料
建造革命大夢的翅膀
不著痕跡的情蒐工作
作戰前必有的軍事準備
他五次進出夏桀的權力中心
成湯沒要求任何資訊
兩陣間，致勝之策皆出自他口

相傳商湯曾應伊尹之願，五次把他推薦給夏桀，可是，夏桀並不能重用他，所以他只能留在成湯身邊，輔佐成湯滅夏。

桑林禱雨

以仁德愛民為主題
以祈求甘霖為戲碼
以剪髮斷爪為造形
以布衣白茅為行頭
以己為犧牲的應時秀
因神話般的舞臺效果
成了空前的偉大演出

依據《中文辭源》，桑林、地名。古代傳說，湯之時，七年旱，湯祈雨於此，以五事自責。又《龍文鞭影》裡有一條「商王禱雨」，並附註解：湯之時，有七年之旱，太史公占之，當人以禱，湯請自禱，剪髮斷爪，以六事自責，禱畢，即大雨數千方里。又據《尸子》，湯之救旱也，著布衣，白茅裹身，以己爲牲，禱於桑林之野。

太甲

關於你即位之初
儒家給我的印象：
一個任性胡為的少年
他們還說，眼看
商王朝就要毀在你的手上
伊尹才斷然攝政，鐵腕救亡
並督導你改過自強
可另一資訊完全不同；
他老臣逐幼主，篡奪王位
你除奸復國，有謀有勇有為

太甲，成湯孫，成湯死後繼位爲王。
依《史記》記述，太甲繼位後，縱欲敗度，伊尹故之於桐宮，三年後悔過自新，伊尹迎他回亳，還政於他，並作〈太甲訓〉三篇。另，《竹書記年》裡的記載，則說伊尹放太甲於桐而自立；七年後，太甲由桐潛回，殺伊尹奪回王位。

祖乙

沒承傳大禹的治水技能
黃河降災
商王朝就遷都避難
仲丁自亳遷囂邑
河亶甲自囂邑遷相邑
但，在位十九年
遷都兩次的君主
歷史裡只你一人

商朝有一段時間，不停地遷都。爲甚麼呢？傳說有二：一說、他們的王位繼承制度是兄傳弟，造成多次的王位爭奪事件，以致國勢衰弱，所以不停遷都，試圖振興國勢。另說，因黃河氾濫成災，不得不遷都避災。

因手頭缺乏他們爭奪王位的資料，故拙詩採用第二說。

黃河

全世的炎黃子孫都承認
妳是中華民族的母親
雖然家暴虐童前科累累

罵完祖乙之後，突然想起十幾年前遊黃河風景遊覽區時，有一身「黃河母親」的塑像，把黃河塑成慈愛的母親，正在哺乳懷裡的中華民族幼苗，一時有感，寫成這一三行小詩。

武丁

你是歷史裡唯一
善同裙帶籠絡諸侯的帝王
要跟那位諸侯保持良好關係
就做他的女婿

你還很會作夢，夢見
一個服勞役的罪犯是聖人
畫影塗形，找到他
也找到了幾千年國勢中興

依《中文辭源》的註釋，武丁、殷代的帝王，盤庚的弟弟小乙之子。殷自盤庚死後，國勢衰落，武丁立，用傳說爲相，勤修政事，國勢又趨強盛；在位五十九年，死後稱高宗。

依據《畫說中國歷史》，武丁舉用傳說，有一個浪漫的傳說：武丁即位之初，很想振興國勢，卻缺少輔佐他的人。一夜，他夢見一位名叫說的聖人，便畫出聖人的像，派人四處尋找，在一個叫做傅巖的地方找到一個服勞役（築路）的罪犯，名叫說，因在傅巖服刑，便以傅爲姓。武丁一見傅說，果然跟夢中人一般無二，跟他談論國事，他說得頭頭是道；武丁很佩服，立即拜他爲相。

又，《中國名女人傳記》裡說：武丁是殷商的中興君主，許多方國、部落紛紛歸附。武丁就將每個方國部落統治者家族中的一名女子納爲自己的妻室。

傅說

放下築路的工具，立即
扛起中興殷商的重責大任
以數十年鞠躬盡瘁回報
武丁畫影塗形處處覓覓尋尋

傅說，中興殷商的名相；相關他的傳說見前文。

婦好

生前，是人
一個極不平凡的女人
武丁的眾妻之一
他中興殷商的重要佐輔之一
我國歷史裡
因戰功封侯的王妃
她是唯一
死後，是神
一位安定軍心的戰陣守護神

婦好，武丁的衆多妻室之一，但，不知是哪一個諸侯的女兒。是武丁的主祭和卜官，也是他的傑出將軍（自己領軍作戰）和統帥（指揮衆將領聯合作戰）。曾獨自領兵徹底擊潰土方，一戰大敗夷族，及擊退羌族；又曾與武丁合力大敗巴方，因戰功封侯。婦好先死，武丁厚葬她，還在跟古方作時，祭拜她，祈求她的保佑。

武乙

戮神

目的，萬民宣示 你的
博弈智技在眾神之上
結果，落得跟土偶木偶
為伍（呼盧喝雉）

射天

花費許多心力製造道具
當眾表演你比天勇武

祂以一陣閃電驚雷
證實你不堪一擊

《龍文鞭影》裡有一句：「武乙射天」，並附有註釋：「殷王武乙無道，爲偶人謂之天神，與之博，令人爲行；天神不勝乃戮辱之。又爲革囊盛血，仰射之，曰射天。在位四年，祀獵於河渭之間，暴雷震死。」

依據《中文辭源》裡的解釋，武乙是殷商的倒數第四代君王。

帝乙

史官依法力阻庶子為儲
他的表現很正面

接納諍臣的諫言改立嫡子
你的表現也很正面
可是，為甚麼正正得負
反而招致亡國之禍

哦，也許造化喜歡權變
又沒學過現代人的數學

帝乙，商代的君主。太丁之子，紂王之父。
我從《呂氏春秋》一書中讀到這麼一段記載：

「紂王共有同胞兄弟三人，長兄名叫微子啓，次兄名叫中衍，最小的名叫受德（即後來的紂王）。因紂王的母親在生紂之前還是妾的身分，當了皇后之後才生下紂王。紂王的父母本來想立微子啓為太子，但是史官卻據法反對而言道：『王后有子，怎可立妾子為太子呢！』因此，紂王成為後嗣。」

拙詩依據這一段記述寫成。

商紂的傳說

商紂

印象中，夏桀彷佛是
你的雙胞胎哥哥
印象中，你又有些像是
他的影印本：

他勇能徒手伏虎，你也能
他力能伸鐵鉤，你也能
他有肉林酒池，你也有
他建傾宮瑤臺，你建瓊宮瑤臺
他寵愛妹喜，你寵愛妲己

他誅戮忠臣，你也誅戮忠臣
他炮烙百姓，你也炮烙百姓
他是亡國之君，你也是

想像中，春秋時代儒家草創
暴君鑄像廠設備簡陋
想像中，你們很可能
很可能是一模所生的兄弟

商紂依據《中文辭源》的解釋，史稱紂王是商朝的末代君主，帝乙之子，名受，號帝辛。曾平定東夷，使中原文化逐漸傳播到長江淮河流域。紂材力過人，智足以拒諫，言足以飾非，暴斂重刑，百姓怨望。又依據《話說中國歷史》，商紂是商朝第三十一任君主，本名辛，文獻上寫作受，紂，所以又叫紂王。他亡國的罪惡，大半列舉在拙詩中，不再贅述。

妲己

為妳，君父開罪了紂王
又無力抵擋他的討伐大軍
小小的都城被團團圍住
已經嗅到了滅國屠城的血腥

為救亡、為憐惜
滿城無辜的百姓，君父只能
接受西伯威脅性的建議
由妳舞動色字頭上的一把
大刀
解圍退敵，殺進朝歌
殺梅伯、殺比干
剖孕婦之腹，斬朝涉者之脛

最後，在牧野
替姬周殺潰受辛的大軍
殺得他逃命無路、求救無門
只有鹿臺在那兒等他登臺自焚

該殺的都殺光了
不該殺的也殺了不少
替君父出了滿腔怨氣
給八百年姬周一個大好的開始
該是消失的時候妳悄然消失

有人說姜子蒙面斬美
是一場虛構的鬧劇

《中文辭源》裡對妲己的註解很簡：「商王紂之妃，姓己名妲，有蘇氏之女，周武王滅商，被殺。」也有說她是自殺的。還有第三種傳說，妲己在紂王兵敗後，逃走了，不知所終。

據《封神榜》裡的敘述，紂得知有蘇氏酋長之女妲己美而媚，便向他要人，他不忍嬌女遠嫁，拒絕受命，紂大怒，率大軍討伐有蘇氏，把他們的都城團團圍住猛攻，眼見就要攻破國亡，生靈塗炭；西伯姬昌自願作說客，進城說服有蘇氏酋長，獻出妲己，紂王才歡天喜地解圍而去。

又，《中國人史綱》裡說，紂和妲己是一對有虐待狂的夫妻；他們剖孕婦之腹，斬朝涉者之脛，發明炮烙之刑，挖比干之心等等。

拙詩以這兩本書爲素材寫成。

蠆盆

妲己設計的刑場
四壁陡峭的深坑
形狀如巨大的洗澡盆
處死可能與她爭寵的妃嬪
劊子手是豢養其間的蠭蠆蛇虮
奪命的利器是它們的吻

依據《畫說中國歷史》中的敘途，妲己得寵之後，非常害怕有一天失寵，便設置「蠆盆」誅殺可能跟她爭寵美貌妃嬪。

妲己先叫人挖掘了一個大坑，四壁陡峭。她又派人到深山野林裡捉回來許多毒蟲毒蛇等，豢在坑中。並給這個坑取名爲「蠆盆」。然後，她在紂王的跟前說那些潛在性情敵的壞話，要紂王把她們推入蠆盆中，被盆裡的毒物咬死。

伯邑考

如果你是寒浞第二
子受辛很可能不知不覺的
接受后羿第二的噩運
同時輕輕鬆鬆救出君父
不枉遠赴朝歌的一片孝心

如果你肯暫時客串寒浞
自己就不會變成君父苦笑著
吞下的紅燒肉；也免得
世上多一種可愛又可憐的小動物：
兔子

依據《話說中國歷史》裡的記述，伯邑考（姬昌的長子）是一個大孝子，他得知父親被囚的消息後，便立即去朝歌當人質，換父親平安歸來。伯邑考是一個風度翩翩的美男子，而且很會彈琴，妲己對他一見傾心，並以學琴爲藉口接近他，向他傾訴愛慕之情。伯邑考不肯做那種喪德敗行的骯髒事，便嚴詞拒絕妲己的好意，妲己因愛成恨，便誣告他調戲，紂王就把他殺掉，燉成紅燒肉，送去給姬昌吃；姬昌明知是兒子的肉，卻不敢不吃。

依據《封神榜》裡的敘述，周文王雖然呑下了兒子的肉，卻沒消化，並在返回封地與百官諸子相遇之後才都吐了出來；吐出一塊變成一隻兔子，向西急奔而去；再吐出一塊再變成一隻兔子，急向西奔而去。連吐三次，便有三個兔子向西奔去，從此，世上才有兔子（吐子）。

比干

三朝元老，皇叔之尊
也只向後世證明兩件事：
諍臣殺身不能救國
聖人剖心沒有七竅

依據《中國歷代名人勝跡大辭典》裡的記載：比干，公元前一〇九二——一〇二九年人，姓子名干；商紂王的叔父，封於比（今山東曲阜一帶），故名比干。

又依據《中國歷史五千年》裡的記載：比干是三朝元老，見紂王荒淫無度，作惡多端，經常直言勸諫。有一次，一連勸諫了三天不肯離去，惹得紂王大怒，便對比干說：「聽說聖人和忠臣的心都有七竅，不知是不是眞的？」並叫侍衛把比干的心挖出來給他看。比干就這樣被殺了，也贏得了三代孤忠的美譽。

微子啓

法律槓桿在握
史官輕妙的一撥
王位繼承權就轉移他人
儒生説你很賢德
不爭不奪，守法守分

王弟傾敗家業，不納忠言
便拂袖而去，對國家興亡
從此不聞不問
我認為你很明哲
假發怒，真逃命

攜宗廟祭器肉袒自縛

至姬發大軍前乞降
你的確很識時務
而且算準了：大好江山易手
必有一筆為數可觀的回扣

武庚隨管叔、蔡叔起舞
曲終，又跟管叔步入黃泉
這一次，你如何修德避禍
又如何登上宋國的大位
史記裡，我沒找到答案

依據《史記》裡〈宋微子世家〉的記載，紂王即位之後，昏昧荒淫，微子屢諫不改，頗想以死殉國，卻遲疑不決，便去向太師箕子及少師比干請教，太師勸他早日逃亡，他便決定逃亡，後來姬發滅商，微子便攜帶殷商宗廟的祭器，肉袒自縛來到姬發的軍營，膝行到他的面前，乞求保留殷商的香火，姬發便封紂子武庚於宋，並令微子啓輔佐他。待至周武王死後，姬旦當權治國，管叔蔡叔不滿，聯合武庚作亂，姬旦平定叛亂，殺了武庚，命微子啓代之。

箕子

一位深思遠見的忠臣
幾雙象牙筷子也能引發
你一連串的憂愁
變成傳言的憂愁
是另一種諷諫，希望誘導
紂王成為聖帝賢君
無奈他與聖賢無緣
你便成了獄中的憂鬱症患者
為了保命，你必須繼續瘋癲
而且病情日重
終於等到機會越獄
遠到朝鮮建國，跟西周
互不統屬，永為兄弟之邦

箕子是商末賢臣，紂王未能重用。關於他的傳說有三：「箕子憂象箸」，「箕子佯狂」，及「箕子建立朝鮮國」；拙詩便以這三個傳說爲素材寫成。

朝涉者

冬晨，你為何赤足涉
寒冷刺骨的水過河
紂王和妲己毫無興趣
只用刀斧詢問凍僵的雙脛
不怕冷的原因

這一則神經生理學課題
也許能找到正確答案
寫成世上第一篇研究報告
如果他們肯砍斷自己
極其怕冷的下肢作對比

傳說某冬日的早晨，天正大雪，天氣很冷，紂王妲己身著重裘在爐邊取暖，突然看到一貧漢爲了生活赤足涉水，妲己問他的腳爲何不怕冷，紂王說叫人把他捉來，砍斷他的脛骨看看不就知道了嗎？那人捉來了，脛骨砍斷了，還是不知道爲何不怕冷。

孕婦

也許妲己想有一個
跟紂王的罪孽結晶，偏偏
送子娘娘不幫忙
她便慫恿紂王抓妳回來
用解剖刀扣問妳腹
為何妳的能她的不能

也許妲己無意生男育女
叫紂王剖妳的腹，只為一時嬉樂
也可能存心給他添一件大惡
加速他的敗亡

斬朝涉者之脛，剖孕婦之腹，是紂和妲己犯下的兩件天地不容的罪惡。傳說，在他們淫樂之時，不知爲何談到人類生男育女的奧祕，妲己便叫紂抓孕婦回來剖婦察看，紂王毫不猶豫的照辦。結果，他們沒看到任何道理，白害兩條命。

鹿臺

跟鹿毫無關係
外觀倒的確是臺
受辛也常偕妲己登臨

真正的用途是庫房
費時七年建成，裡面堆滿
搜刮自民眼的珍寶金銀

牧野大敗歸來的紂王
難捨那些生不帶來死不帶去
只得登臺同歸於盡

依照《中文辭源》中的解釋：鹿臺，古臺名；故址在今河南省湯陰縣朝歌鎮之南。相傳爲紂王所築，武王伐紂，紂兵敗，登臺自焚而亡。又，漢劉向所著的《新序》中〈刺奢〉一篇裡，有「紂爲鹿臺，七年而成，其三大里，高千尺，臨望雲雨」數語。又，《畫說中國歷史》裡，則說紂王將自焚時，捨不得辛苦搜刮來的珍寶，就把它們全部堆在臺上，自己躺在寶物上點火自焚。古人有咏鹿臺詩一首，茲錄於後：

憶昔商王起鹿臺　罔思固本聚民財
而今財散空臺榭　惟有閑雲自往來

鉅橋

是一個地名，相傳商紂
在那裡建過一個大糧倉
又修了這麼一條運糧的橋

相傳為了充實那些倉廩
殷商的百姓多變成饑民

相傳後來
姬發誅紂後散粟賑民
血流漂杵的征伐
才贏得弔民伐罪的佳評

依據《中文辭源》裡的解釋，鉅橋是商代糧倉的所在地，在河北省曲周縣東北；一說在河南省浚縣西。

《白話史記》裡有兩句：紂「爲了充實鉅橋倉庫中的存糧，更是橫徵暴斂。」又說：武王命南宮括「開放鉅橋所積的粟，以賑濟貧弱的百姓。」

又，依據《畫說中國歷史》，紂王在鉅鹿水的東岸建一大糧倉，倉裡有一條直通河邊的橋，便利運糧入倉，所以名爲「鉅橋倉」。

周

姜嫄的子孫　自豳
避戌秋至周原建國的族群
一遷而富強而滅殷商

三代的最後一個王朝
以封國制度瓜分天下土地
立宗法確保貴族的繼承順利

以農立國，征戰非其強項
以禮教枷鎖臣民的心靈
再遷而衰徵而敗亡

歷史裡的周王朝，包括西周和東周，但我的《詩話中華·三代篇》中的周，只有西周，把東周放在下一本集子裡。我這樣切割歷史，沒有學術上的理由，只爲了方便。因爲把東周也放入這一個集子裡，這本書就太厚重了。

公劉

為節存大有豐年的餘剩
補凶歲之不足
而提倡積蓄、改善倉儲
你是中國歷史裡的
第一位農業經濟學家
為全民謀溫飽
又為周代八百年天下
及五千年東亞農業大國
埋下穩固的基石
不朽勳業，孟軻說：好貨

依據《白話史記》裡的記述，公劉是姬棄的後代。棄曾任堯的農師，封於邰。到了他的後代姬不窋的時候，夏后氏不注重農事，廢去農官。不窋因為丟了官職而流亡到戎狄。公劉是不窋的孫子。他們祖孫雖身在戎狄，仍繼續以農為業，並且戎狄安居。很多百姓向他們學習農墾技術，也都過著富有安定的生活，而形成一個農業國（或部落）；他們也成了這個國家的君主（或部落的酋長）。

在《孟子：梁惠王》裡，孟軻曾對齊宣王說：「昔者公劉好貨」詩云：『乃積乃倉，乃裹餱糧……』」拙詩以這段話爲素材寫成。最後一行、竊以爲孟軻說「公劉好貨」，有故意醜化公劉，以求達到說服齊宣王的目的；對公劉未免不公平。

古公亶父

可能你早就發現了周原
土地膴膴
打算到那兒建更富裕
更幸福的家園

戎狄要人民、要土地
只不過抽在馬屁股上的一鞭
當心中另有的圖謀
車正待發，人已在鞍

也可能出自一片愛心
寧可捨棄財富土地人民
也不願墮他們於戰爭的浩劫

岐豐只是一個意外的驚喜

勿論大遷徒的因由為何
在人民的心中，你是賢君
他們扶老攜幼追隨擁戴
一起走出八百載岐周的前程

依據《中國歷代名人勝跡大辭典》：古公亶父，祖籍邰。周文王的祖父，亦稱太王。他的重大事績是率領他們的部族由豳遷於周原，以避戎狄的攻擊；並在周原建立城邑，設置官吏，發展農業，奠定了滅商而代之的基礎。

又：據《史記》中的記載，太王是公劉的後人，但，公劉就是夏末人。太王是商末人，他們之間相距幾百年。

周原的迷思

都說三代的最後一個王朝
得名於其興起之地
卻沒人告訴我
周原的名字如何得來
是不是、是不是那兒早就有一個
姓周的小小原住民部落
他們呢？從沒聽人說起
全被滅絕了嗎？或者
或者溶入了一個更進步的文化
跟外來政權共存共榮
從此你我不分

周原，周地的原野，在岐山之南，周王朝興之地。

周，是棄的後代，棄受封於有邰，即其外婆家的封國，姓姬。換言之，他的子遷到周原建國，才以地名為國名，我的問題是：周原為甚叫周原，並因而想到那兒可有姓周的原住民，以及他們後來命運。

姬昌的故事

泰伯

行養親之志的大孝
你放棄家邦的繼承權

斷髮紋身：既明心終老南方
亦君子入境隨俗而安

受擁戴為君應是無心插柳
讓國得國，善有善報，富貴在天

依據《中國歷代名人勝跡大辭典》：泰伯，一作太伯，周太王的長子。得知太王晚年欲傳位於少子季歷，便和二弟仲雍，假借去衡山採藥之名，逃往江南。並入鄉隨俗，斷髮紋身，傳播中原文化。後被擁戴爲君，都於梅里（今江蘇無錫縣梅村鎮），國號句吳。

他們兄弟讓國的故事，乃千古美譚，故收入拙著中。

仲雍

因讓國
你隨長兄遠離鄉井
我了解
同在荊蠻作客，為何
兄弟各一方
我不了解

後來，想到：
如果你們決心讓國之時
已有自助建國計畫
我頓時恍然：
失敗的風險減半
成功的機率倍增

依據《中國歷代名人勝跡大辭典》：仲雍，又名虞仲；周太王的次子，因太王有意傳位於三子，他便跟長兄一避居江南，把王位讓給三弟季歷。他們來到江南之後，兄弟二人並沒住在一起。泰伯居梅里，仲雍居常熟，我便以此為詩眼，寫成這首拙詩。

季歷

你也很有賢德
你也是一位有為的明君
儒生史官沒給你太多掌聲
實因身以子貴
成就又不如兒孫
雖然他們的收穫
至少，部分得自你的耕耘

季歷，太王的幼子；他娶太任，生子姬昌；因有聖王的瑞應，太王說：「我們這一族應有王者出現，這該是在昌吧。」太王有三個兒子，長子太伯、次子仲虞聽了父親的話，他的意思，想傳位季歷，將來好由昌繼位，便逃家讓國。古公死後，季歷繼位，是爲公季。他在位期間，繼續發揚古公的治道，專心致力於義舉，也繼續得到諸侯的順服。

姬昌

周代殷的千秋大計畫
你執行前半：拾回
湯吹過，紂丟棄的
那一隻舊喇叭，把當年
商代夏的心戰老調
吹響成姬家仁德愛民的高音
在羑里（也許為了殺時間）
你不停的排八卦
排來排去，排成一部《周易》
從政治界撈到學術界
撈得更多聖人的美譽
撈得「文王」做謚號

姬昌就是周文王，亦西伯。父公季死後繼位爲君。繼承后稷、公劉的老業，遵循古公、公季的成規，篤行仁政，尊敬長老，慈愛幼小，禮遇有賢德之人，有賢德的人也多歸附。由於崇侯虎對殷紂說：「現在西伯以各種手段，累積他的善名和德業，諸侯都歸向他，將不利於天子。」紂便把姬昌囚禁在羑里。他就利用坐牢的時候，把八卦組合成六十四卦。

後來，閎夭、散宜生等人以美女、名馬、寶物賄賂紂王，紂大爲高興，不僅釋放了姬昌，還賜他弓箭斧鉞，給他擅自征代諸侯的大權。

羑里城

我國第一所關政治犯的監獄
一萬平方米的牢城
只曾囚禁姬昌一人
裡面有一個演易臺
叫他日日登臺推算自己的命運
不必懷疑
城門都加了重鎖
嚴防嫌犯免脫
不過
當年伊尹打開夏臺的
那把萬能鑰匙
不知怎樣流落到了閎夭的手中

依據《中國名勝詞典》，羑里城的遺址，在河南湯陰縣城北四公里處，爲一高五米的正方土臺，面積一萬平方米。如果夏臺只算是一個暫時囚禁政治犯的拘留場所，羑里城就是已知我國最早的政治犯監獄。殷紂曾把姬昌囚禁於此。

姬昌被囚後，他手下的謀臣散宜生、閎夭等人向紂王行賄，把姬昌救了回來。拙詩中的「萬能鑰匙」一詞，指賄賂而言。

後人爲紀念姬昌，曾在羑里城舊址建文王廟；古廟圮毀。明嘉靖二十一（一五四二）年予以修建，現除一座演易臺外，其餘殿廡只剩遺址；但演易坊、演易碑等石構建築物尚在。

姜尙遇文王

天天　持竿獨坐溪邊
垂一絲長長　長長的希望
魚鉤離水三寸
您想釣到的只是姬昌
兩年悠悠等待
他姍姍遲來的步履
終於踩響了
你心頭轟然狂喜
細論治平大道
你棄竿　投餌入水
他便見　遠近來歸的黎庶

踴躍如爭食的群魚
朗笑聲中　相攜登車
靜謐的黃昏裏
輕輕揮手
揮別丸溪悠閒的歲月

揮別丸溪垂綸的歲月
車轔轔馬蕭蕭　馳向
風雲翻滾的時代
血流漂杵的牧野

姜尚，字子牙，號太公望，因曾封於呂地，故亦稱呂尚。早年貧困，以八十歲之高齡，垂釣渭濱，西伯出獵，見尚垂釣直鉤無餌，且鉤在水面長三寸，認定他是一位異人，與語大悅，就說「我君太公曾說過：『當有聖人到周，周因而興盛。』是指先生吧，太公盼望先生好久啦！」這是「太公望」名號的由來。

丸溪，是渭水的小支流；因地僻鮮爲人知，故一般只說渭水之濱而已。當姬昌問呂尚治平大道，尚丟棄手中的釣竿，將備而不用的餌投入溪，溪魚從四面八方湧來爭食，姬昌會意，相視大笑，即請他登車，同輦而歸，任爲國歸，前段「與語大悅」指此而言。

拙詩以這一則傳說爲依據寫成。

另有一說，姜尚見聞廣博，曾爲紂臣，因紂暴虐無道棄職而去，游說諸侯未遇明主，後歸姬昌。

還有第三說：呂尚是隱士，隱居海濱；姬昌被囚羑里後，散宜生和閎夭邀請呂尚來三人合謀救出姬昌，並輔佐他修德行仁，東征西討，奠立周代商的基礎。

美麗的傳說

還沒見到西伯
就滿面羞慚的半途而返
爭田、爭地的虞、芮人
欲得公斷
踏入了人人讓畔的國境

《白話史記》裡有這麼一段記述：西伯修德行善，諸侯有了紛爭，都來找他裁決。虞、芮兩國的人，有了田地的爭訟，無法裁決，就周找西伯。但進入周的國境，見農民都在田間留下很寬的田塍，沒人佔爲己有。人民的習俗都以禮讓爲貴。虞、芮兩國的人都自慚形穢，相互告誡，我們所爭的，是周人相讓的，何必去見西伯呢？於是雙方沒見到西伯就半途而返，也不再爭那塊田地了。

畫地爲牢

一則好美的傳說
可我怎麼也想不透
連畫在地上的框框
也不肯跨出的誠信君子
怎會踰越禮法走進其中

畫地爲牢，《新編中國詞典》的解釋是：上古時代監禁犯人之法。在地上畫一條封閉曲線，令犯人進去坐牢。

有人說上古時代，即姬昌時代。所以，我把這則傳說安置在讓畔的傳說之後。

在地面畫一個框框就可以囚禁犯人，可見罪犯都是君子，故拙詩第一行說「一則好美的傳說」。

伯夷・叔齊

孤竹國的二位讓國高賢
流亡路上，相逢一笑
父母之邦已是馬尾遺落的煙塵

慕姬昌敬老尊賢的大名
相攜前來就養
只趕上諫阻武王的伐紂大軍

商亡，他們恥食周粟
遁入首陽山中採食周薇
又恥食周薇

依據《中文辭源》，伯夷、叔齊是商代孤竹君的兩個兒子，相傳其父臨死時遺命要立叔齊爲繼承人。死後，叔齊讓位給伯夷，伯夷不受，叔齊也不願登位，先後逃國，都逃到周國；

武王伐紂，二人叩馬諫阻。商亡後，他們恥食周粟，逃入首陽山，採薇而食，餓死山中。叩馬、勒住馬。另有一說，伯夷先出國，叔夷也隨即出國，國人便立他們兄弟爲君。夷齊在國外不約而遇，聽說西伯姬昌敬老尊賢，便一同前往就養，待他到周國時文王已死（也有人說到達一段時間後才死）。

普天之下莫非王土，都是王土上生長之物，粟跟薇有何不同？據說有人向他提出這個問題，他們就連薇也不食，餓死了。筆者沒著手寫詩話中華之前，便曾寫過一首詠夷齊的小詩，茲錄於後，給我青年時期的思想留一爪泥痕：

伯夷・叔齊

如果你們的故事
只是一篇極短篇小說
我好想問一問作者，爲何
不把二位寫成虞舜的遺民
因恥食夏粟把自己餓成
首陽山中兩株又瘦又細的
薇

武王伐紂的故事

姬發

孟津會盟，牧野血戰
取子家天下為己有
你決不是忠臣
雖然好辯的孟軻說
「聞誅一夫紂，未聞弒君」

變父親的大夢為真
變祖、曾祖的大夢為真
你的確是一個大孝子
副合儒家對至孝的定義：

養親之志
推翻殘暴政權
解放受虐的百姓
你是一位革命家
革命成功，天下不為公
謳歌民主的詩人不讚你偉大

姬發，即周武王，周文王姬昌的兒子。文王死後，他繼位西伯。依據《白話史記》的記載：周武王十一年二月甲子日，武王滅紂，就做了天子，因自覺德不及五帝，只稱王不稱帝，人們則尊稱他爲天王。

孟津會盟

炎黃子孫的第一次
國際聯合作戰演習
以殷商末代暴君為假想敵

八百諸侯的大軍
車馬奔馳，金鼓齊鳴
竟然沒吵醒紂王的宿醉

演習期間，朝歌的國安官員
也似乎全體都奉命進入肉林
來到酒池畔，聽鼓聲吃肉飲酒

孟津，津名，在今河南省孟縣南。相傳周武王與八百諸侯會盟於此，故又名盟津。在當時是周和殷的交界。

依據《畫說中國歷史》裡的敘述，在文王死後的第二年，武王就起兵伐紂，並車載文王的木主，表示承文王之命征伐紂。四面八方的諸侯紛紛趕來共襄大事。不過，這一次沒有對商紂進擊。周軍停駐孟津，派人至商地刺探敵情，發現沒有必勝的把握，便和趕來相助的八百諸侯結盟而還。木主，就是木質的神主牌位。

姬昌的木主

對商族民眾心戰
木主是有效的工具
他們向來祭拜祖先
迷信神鬼

心理建設周族民眾
姬昌的木主，效果也很大
他的仁德恩澤
點點滴滴都在他們心頭

我寫這首詩的目的是，試圖對周武王車載父親的木主大會諸侯一事，作一詮釋。

木主

具像的追遠孝思
尋成湯征葛的車痕馬跡
探你的悠遠源頭
觀彫梁畫棟的巍閎祠屋
賞你富麗的下游

寫完〈姬昌的木主〉之後，我把木主想成祖先的神主牌位，並因而想到愼終追遠的孝道，想到現在的祠堂。又想到夏末的葛伯不祀，成湯征葛，寫成這首詩。因爲孝道也是中華文化裡很重要的一環，所以把這首五行小詩安頓在這兒。

伐紂

古之儒生
人人歌之頌之弔民伐罪
今之儒生
有人尋憑覓據證伐罪吊民
古人戴著封建的眼鏡看
滅紂後，人民的生活大大改善
今人戴著民主的眼鏡看
其間差異，倒懸正懸

依據《中國人史綱》裡的敘述，武王滅商之後，對商王朝的遺民，是一幅猙獰的面目，只有小部分貴族，由武庚統領遷回商丘，繼續過自由的日子。其他殷商百姓，財產被沒收，男女老幼全部淪爲脖子上繫著繩索的奴隸。拙詩以此爲素材寫成。

該書作者既然這麼說，想必握有證據，故有拙詩第四行；又由於他說「脖子上繫著繩索」，拙詩才有「正懸」、「吊民」等詞彙。

牧野之戰

至仁與至不仁者生死存亡決戰
有的典籍説紂軍不戰而潰
有的典籍則説血流漂杵
孟軻説盡信書不如無書
亦常感　讀史如
讀小説家誇張的筆墨

依《中文辭源》中的註解，牧野，地名，在今河南淇縣南。並說周武王與商紂大戰於牧野。該辭源對「血流標杵」一詞的解釋爲：形容殺人之多，杵、大盾。並說周武王和商紂大戰於牧野，紂軍前隊倒戈攻擊後隊而大敗。血流標杵。

《中國人史綱》裡對牧野之戰的敘述是：商周兩方的主力部隊在牧野決戰，當時周軍四萬五仟人，商軍七十萬，但因人心離散大敗。意思是說牧野之戰，紂軍無心應戰而潰敗。

《畫說中國歷史》中也說，紂軍比周軍多出很多，但百姓、奴隸，都不願爲紂而戰，逃的逃、降的降，紂軍就大敗了。

拙詩藉題發揮，表達個人對歷史記述的眞實性的懷疑。

周公輔成王的故事

周成王

穉年即大位，臨朝
攝政叔旦的封賞大事
只不過一場兒戲
在你的眼中

從模倣中學習，退朝後
你拿桐葉與小弱弟為戲
卻成了國家的封賞大事
因叔旦正經八百的入賀

在學習中成長，後來
你長成有為的明君
奈何儒生、史官瞪大眼睛
只見叔旦輔助的功勳

周成王、名姬誦；周武王之子。武王死時，姬誦尚在穉齡，在周公的輔佐下登位爲王。後成爲一代賢君。

《古文觀止》中有一篇文章：〈桐葉封弟辨〉，是唐代大文豪柳宗元的作品。該文的第一段中有這麼幾句：「成王以桐葉與小弱弟，戲曰：『以封汝。』周公入賀。王曰：『戲也。』周公曰：『天子不可戲。』乃封小弱弟於唐。拙詩前二篇據此寫。

周公輔佐成王的有功有勞，但成王自己也是可造之材。可，歷代史官及儒生，只推崇姬旦，似乎失之不公，拙詩第三節婉諷之。

周公

佐武王，輔成王
一生勳業跟前朝名相
伊尹　相互輝映

管蔡流言　必須
止於大義滅親
天倫德才同飲萬古長恨

周公，姓姬名旦，周朝的開國之相：文王之子、武王之弟、成王之叔，輔佐王兄滅紂建立周朝，封於魯。文王死，姬旦攝政，管叔、蔡叔、霍叔三監聯合商紂的兒子武庚造反，周公奉成王之命東征，經三年苦戰，打垮聯軍，把管叔及武庚處死，蔡叔貶謫蠻荒地區，霍叔被廢爲平民。史稱周公對三位弟弟的處置爲「大義滅親」。

東征

周公統率大軍去跟三監鬩牆

《中國人史綱》裡說，管國國君姬鮮，蔡國國君姬度，霍國國君姬處，原本負責監視殷國國君商紂的兒子武庚，沒想到他們三監反而聯合殷國起兵造反，姬旦只好作孤注一擲的親征——史稱周公東征，歷時三年苦戰，才把叛亂討平。

子武庚

歷史舞臺上
鷸蚌相爭的大戲上演時
微子啓可曾勸你留在臺下
做一位安靜的觀眾

這個問題沒得到答案之前
關於你的敗死
我實不知道該說些甚麼

這個問題得到答案之後
絕對不會再有人
肯耐著性子聽我說甚麼

人生困敗之中，常常遇突然而來的機會，三監反叛姬旦，對子武庚而言，當是一機會。

但事實證明那不是轉機。拙詩的重點，在追問：子武庚採取行動之時，微子啓有否表達他的意見。

禮教

一

周朝研製的心靈枷鎖
把全天下的人分別鎖在
社會金字塔的各階層
周王是高高在上的塔頂

二

孔丘的最愛

《中國人史綱》裡說，周滅商之後，承繼了商代的階級式社會制度，人被分爲四級：國王高高在上，第二層是貴族（諸侯、卿、大夫及士）。第三層是平民，第四層是奴隸，又說，階級間的界限是絕對的、莊嚴的、不允許逾越的。周朝除了用法律維持金字塔的穩固，還特別製作禮教，進一步的枷鎖人心，要求低層的奴隸，及第三層的平民，永遠安於奴隸及平民的本分，不得作非分之想。

由於周代早期的典章制度，都出自周公之手，所以，我把這首詩安置在這裡。

封建

譯成現代語言：
地主世襲制度
讀古詩人的舊句：
「普天之下，莫非王土」

封建，就是周王把土地分封給諸侯建國。周公、成王封了十五個兄弟國，四十個同姓國，一千七百七十多個異姓諸侯。諸侯分爲公、侯、伯、子、男五等，公侯地方百里，伯七十方里，子男方五十里；小於五十里的稱做附庸。這些諸侯必須每年向周王進貢（繳租金）一次。同時，周王直接佔有的土地一千方里。依這樣的土地所有狀況看來，周王是地主，諸侯是向周王承租某一塊土地的「二手地主」，卿、大夫、士又是諸侯下面的「三手地主」。而周王和諸侯卿士等都是世襲的，拙詩第一節，便是在這種想像之下寫成的。

雖然土地分封給了諸侯，諸侯卻要每年進貢（繳租金），所以，我認爲諸侯封地的所有權仍然都是周王的。拙詩第二節便是這樣寫成的。

宗法

王公卿士的權位繼承法則
保送生而富貴者安全上壘
不論賢愚不肖

《中國人史綱》裡說，中國人至晚從紀元前十二世紀起，就實行諸子均分父親遺產的制度；但，如果遺留下來的是爵位，甚至是王侯大位，不能均分，只能由一個兒子繼承，就必須有適當的規則來解決繼承問題，宗法就應運而生了。簡而言之，宗法規定王侯的大位傳給嫡長子。這個規定在周之前已經存在，但，到周公召公主政，才製成宗法制度；一個非常複雜的制度。許多專門研究宗法制度的儒生，窮其一生的精力，也弄不清楚它的細節。

嫡子，是正室（妻）所生的兒子，如果嫡子多於一人，繼承權歸年長者，即嫡長子。側室（妾）所生的兒子是庶子。庶子雖年長，不能繼承大位（如果有嫡子）。

握髮・吐哺

一沐三握髮，一飯三吐哺
這兩句千古名言，不知
是歌讚姬旦的勤勞謙恭
還是批評他的生活太不規律

一沐三握髮，一飯三吐哺
可以想見，接待的必是高賢
但不知道是自己公私不分
還是那些高賢都不須尊重主人

一沐三握髮，一飯三吐哺
這兩句話在儒家電台廣播幾千年
為何沒聽眾提出疑問

哦，他們沒開扣應節目

依據《史記》裡的記述，周武王封周公於魯，周公沒去到任，留在京師佐理武王；武王死後，周公又必須留在京師輔佐成王，便叫他的兒子伯禽代他到魯國上任，臨行，他告誡伯禽說：「吾一沐三握髮，一飯三吐哺，以待天下之士，猶恐失天下之賢人。」

我有兩個疑點：第一、這些話是不是周公說的？若是他說的，恐怕所說的也不是事實；因爲，前兩句實在不合情理，故寫下拙詩提出異議。

姬奭

有人說你是文王之子
有人說你是武王之臣
不爭的事實是：
西周的良相
跟姬旦齊名
終身宣揚，勵行姬昌的仁政
甘棠遺愛，永留清芬
又全程參與
成康盛世的鑄造工程

依據《中文辭源》裡對召公的註解：姓姬，名奭，周的支族，武王之臣；並說《白虎通議》中，認爲召公是文王之子，因封地在召，故稱召公或召伯。成王時代，姬奭跟周公分陝而治，即自陝縣而西，由召公治理，自陝縣而東，由周公治理。

成王死後，召公又輔佐他的兒子康王。又依據《白話史記》，在成王康王時代，天下安寧，有四十多年沒動用過任何刑罰。換言之，四十多年沒人觸法犯紀，所以拙詩最後一行中，有「成康盛世」四字，但亦有人認爲這四十年的盛世，系舊史美化而成。

召伯甘棠

原本生長在河南宜陽的
一株尋常甘棠樹
不知何人栽重
亦不知何人所有
相傳
姬奭南巡途中曾借一憩陰涼
之後
就被冠上他的封號
就被移植於歷史林囿

千秋萬載枝葉蔥蘢

依據《中文辭源》，甘棠，木名，棠爲喬木，有赤白兩種：赤者稱杜，白者稱棠：白棠即甘棠。又，《新編中國辭典》中，說棠梨爲落葉亞喬木，葉邊有鋸齒，開白花，結實如楝子，其子白者爲棠梨，赤者爲杜。

《實用成語辭典》裡有一條成語：「甘棠遺愛」，註釋：周召伯巡行南國，以布文王之政，止宿於甘棠樹下，後人思其德，不忍伐樹，以爲遺愛人間。

又，依據《中國名人勝跡大辭典》裡的記述：甘棠，地名：在河南宜陽縣西北四公里處，因此地古代有甘棠樹而得名。召伯輔成王時，巡行南方，曾此樹下休息，並聽取政聲，後人稱「召伯甘棠」以示懷念。

姬瑕

歷史人説你曾兩次征楚
我信
歷史人説你第一次大敗
我信
歷史人説你第二次大勝
我信
歷史人説荊蠻敗後使毒計
你墮水溺斃
我也沒有理由不信
考古學家啊
天天忙著挖掘歷史證物
你們，你們幾時才能挖到

當時製造膠舟的材料

姬瑕，康王之子，繼位爲昭王

依據《白話史記》，昭王時代，王道略有缺失，他到南方巡行，卻沒能回來，而死於漢江上。昭王的死並沒告喪於諸侯，以隱諱這件事。

又，《中國人史綱》裡說，姬瑕於紀元前一〇三四年親率六軍征楚，全軍覆沒，僅以身免。他敗得不甘心，又於紀元前一〇〇二年再度南征，楚部落吃了敗仗，卻用一種極易溶解的膠質材料，做了一條大船，泊在漢水上恭送昭王；姬瑕及隨行人員上船，船到江心膠溶船散，全部落水淹死。拙詩以此爲素材寫成。

姬滿

〈黃竹〉詩篇
哀哀吟罷你的惻隱之心
曾以為下一篇必是
仁君的政聲

巡幸瑤池
看罷你跟西王唱和繾綣
曾以為下面的鏡頭必是
車駕登仙，八駿騰嘶白雲間

宣提天威
讀你揮軍荒服的氣慨
曾以為下一頁必是

四夷賓服接踵來歸

姬滿，周昭王之子，繼位為周穆王。

〈黃竹〉，古詩篇名，〈穆天子傳〉五：「日中大寒，北風雨雪，天子作詩三章哀民，曰：『我徂黃竹。』」故以黃竹為篇名。又，〈穆天子傳〉裡，有姬滿乘八駿而遊，會見王母於瑤池，接受西王母的招待，他有詩給她，她也有詩和他，臨別，還有惜別詩。

《白話史記》裡說穆王將征犬戎，祭公謀父諫，不聽。得到四頭白狼及四頭白鹿為戰利品，但，屬於荒服的國家，從此不來朝覲了。《中文辭源》裡也說他西擊犬戎，東伐徐戎。

拙詩三節，依上述史料寫成。微諷他徒有惻隱之心，不是仁德之君。

呂　刑

夏禹創製的肉刑
商周照單傳承
也許意在刑期無刑
也許為了杜不教而誅之口

姬滿命呂侯彙編結集成
中國的第一部刑法
公告天下
幾千年後，我們才能細讀
三代的仁君　如何
以刀斧鑿鋸親民愛民

《上古神話演義》裡說，四凶之一的三苗作肉刑，以殘酷的刑罰對人民高壓統治。皋陶認爲肉刑太殘忍，便作象刑以代肉刑。禹受舜後，自覺得不及堯舜，不能以仁德治天下，便採用三苗的肉刑。又據《中國人史綱》裡的記述，殷商代夏，周代殷商，繼續使用肉刑，至周穆王在位時，命他的大臣呂侯，就當時所應用的各種肉刑及其應用的罪刑，加以整理，編成一部成文刑法，公告天下。

《呂刑》，亦作《甫刑》；因呂侯後來改封爲甫侯。

姬胡

實行專賣政策
奪貴族的財源
斷平民的生計
再僱用衛巫，以高壓手段
杜全天下憤怨之口
終至亡命彘邑，埋骨彘邑

七年聚金，三年集恨之後

姬胡，周夷王姬燮之子，繼位為周厲王。依《中國人史綱》裡說，周厲王任用一位財經專家榮夷公主持國政，實行專賣政策；把貴族賴以營利的各種行業，不分大小，全都收歸王室經營，招致貴族口出怨言。姬胡又採取高壓手段，誅殺發牢騷的人。

以我推想，專賣的價格必定貴的不少，因為止謗三年之後，攻擊王宮，驅逐厲王的反衆，不只是貴族，還有更多平民和奴隸，故有拙詩第二行。

依據《白話史記》裡的記述，厲王在位的第三十年，才起用榮夷公，而厲王在位僅三十七年，故拙詩最後一行有「七年聚金」四字。

榮夷公

製訂並實施專賣政策
你是中國的第一位財經專家
不能利國利民　只因
姬胡取之於民不用之於民

我的手上沒有榮夷公的個人資料，所以拙詩第一節只歌頌他的財經專業成就；第二節，則微諷他沒有把自己的長才用於服務百姓。

衛巫

中國歷史裡登記有案的
第一批專業祕密警察
人人具備極精深的特異功能
目光掃過路人的面孔
便洞悉誰對周王心懷怨恨
立即抓起來處以極刑

衛巫，就是「衛國巫師」的簡稱，據說他們有特殊的法術，只要看人一眼，就立即知道對方的心中，正在想些甚麼。厲王爲了禁止人民毀謗，便到衛國去聘了很多巫師來鎬京，建立一個像蘇聯的祕密警察一樣的組織。這些巫師川流不息地巡迴大街小巷，凡經他們指認爲反叛或誹謗的人，立即抓起來處死。

召穆公

肯定是姬奭的後人
雖不知是他的第幾代子孫

古代儒生歌讚你對暴君的忠
現代詩人不齒你對兒子的忍

每次讀這一頁歷史
總不免擲書望著天花板發愣

如果姬靜夭折在你的府邸
共和神駒可會繼續前奔

《中文辭源》裡說召虎是召穆公；《白話史記》裡說實行共和政治的，是周定公和召穆公。

《中國人史綱》裡，反衆趕走了厲王之後，還要殺他的兒子姬靖。幸而召穆公和周定公保護才免一死。

《白話史記》裡說，厲王匆匆逃走，來不及帶走自己的兒子姬靖。姬靜躲進召公的家裡，反衆知道了，就包圍召公的家，要殺姬靖，召虎便以自己的兒子冒充姬靖，給反衆殺掉，才保住姬靖的命。

共和

如果歷史是一匹
不吃回頭草的好馬　堅持
沿著共和大道嚼食芳鮮
不停向前的馬蹄
把二人共和踢成
四人，八人，十六人……

今天，全世界的

民主政治發祥地便是

中國　鎬京

厲王逃走了，姬靖不敢繼位，長達十四年之久，周朝君王，國政由周公召公共同處理，稱爲「共和」。

姬靖

決計是一個昏庸之君
還有些殘暴
史官稱你中興明主
亦非無恥的阿諛
或故意粉飾昇平
很可能、很可能
初期的盛世印象
來自十四年的共和之治

厲王死於彘邑之後，他的太子姬靖也已在召公府邸長大，叛衆對厲王的怨恨也消了，他們早散了；召公周公才請出姬靖繼位，是爲周宣王。

《東周列國誌》裡說，宣王雖勤政，也沒到達武王的程度；雖說中興，也不是成康盛世。

尹吉甫

出將入相
姬靖王朝的能臣
率軍驅逐入侵的玁狁
以全勝的凱歌聲
為宣王早期的盛世景象
配音

字吉父，亦作吉甫；官職是尹，故事尹吉甫。金文作兮甲，或兮伯吉父。周宣王任命他爲內史。宣王五年（公元前八百二十三年），玁狁的內侵焦穫，至涇水北岸，進逼鎬都，周王令他率軍反擊，驅逐玁狁至太原，全勝而還。唐李華〈弔古戰場文〉引《詩經・小雅・六月》的典故說：「周逐玁狁，北至太原；既成朔方，全師而還。飲至策勳，和樂且閒。穆穆棣棣，軍臣之間。」所詠的就是這一段史實。

金文，即鐘鼎文。玁狁，我國北方的遊牧民族，唐虞以前稱山戎，殷代叫鬼方，周稱玁狁，秦漢叫匈奴。

伐戎

諸戎離心
眾重臣皆認為必須給
搖搖欲圮的中興華夏
加幾根仁德支柱
姬靖獨堅持
多一些武功更牢固
終於
中興氣象以大敗落幕

依據《新編中國辭典》裡的〈歷代大事年表〉，周宣在任四十六年，曾八次出兵征伐戎蠻：一、在位的第三年，命秦仲伐西戎；二、在位的第五年，命尹吉甫伐山戎，全勝而還；三、同年命方叔伐荊蠻；四、在位第六年，命召穆公伐淮夷；五、同年，宣王御駕親征徐戎

（這三戰也勝了）。六、在位第三十三年，伐太原之戎，不克；七、在位三十八年，王師、晉師伐條戎、奔戎，敗績；八、在位第三十九年，王師伐姜戎，敗績。（至此，姬靖的中興氣，已經黯然無光）。

賣檿弧箕箙的村婦

捉拿不知禁令的妳，奏請處死
左儒決不是賢臣
殺妳，意圖消災解禍
姬靖決不是明君
妳的悲慘故事所傳達的
可就是這兩個結論？

依據《東周列國誌》裡的記述，周宣王在位的第三十九年，與姜戎戰於千畝，大敗而回，想興兵報仇，便親自料民於太原。回到鎬京附近，聽到一群兒童拍手唱歌，歌曰：「月將升，日將落，檿孤箕箙，幾亡周國。」次日與朝商討後，下令禁止賣檿孤箕箙。有一對住在鄉下的夫婦不知禁令，來京城檿孤箕箙，女的被捉住，丈夫逃掉。大夫左儒隱瞞男子逃掉之事，只拿婦人向宣王復命，奏請處死，宣王斬了此婦，以爲童謠的詞義已應，心中坦然。

左儒

如果因釋放賣檿孤箕箙的
無知村婦被姬靖處死
就死得其所，死而不朽
選擇與杜伯偕亡，只不過
歷史裡的一根鴻毛

朱弓朱矢，跟他同車來
向宣王報冤索命，理直氣壯
之後，可曾偶爾想到

也該還一個公道給你送進
枉死城中的未散陰魂

依據《東周列國誌》裡的記述，杜伯是周宣王的上大夫，左儒是周宣王的下大夫。四十三年大祭前夕，宣王宿於齋宮，夢見一美婦走入太廟之中，大笑三聲，又大哭三聲，把七廟神主捆在一起，提著望東而去，次日祭畢，密召太史伯陽父問此夢吉凶，伯陽父說主有女禍。「女禍」二字令宣王想起三年前曾命杜伯查訪王皇丟棄宮外的女嬰，杜伯一直未復命，便召杜伯詢問，杜伯說沒訪查到女嬰的下落，並認爲違禁的妖婦已處斬，童謠已應驗，便停止搜查以免驚國人。宣王大怒，認定他是怠棄王命喝令武士押出廟門斬首。左儒因素來跟杜伯交好，便急忙諫阻，宣王不聽，左儒回家自刎而死。四十六年，宣王遊獵後歸途中，遇杜左二人乘小車，持朱弓朱矢向宣王報冤索命；回宮後三日駕崩。

周幽王的故事

千金買笑

一、周幽王

愛上一個不愛笑的女人
便千金買笑
買得她在烽火臺上的一陣大笑
西周的都城應聲傾倒

二、虢石父

周幽王千金為褒姒買笑
你就把開懷大笑賣給她

而且免費把一張張苦笑
貼上諸侯風塵樸樸的臉
把一個圓圓的句點
送給西周

西周幽王姓姬名宮涅，繼承王位之後耽於聲色，不問朝政，又兼老臣凋零奸佞用事，朝政已漸廢敗。後來寵愛褒姒，廢申后和太子，西周敗亡的命運就已經註定。

褒姒入宮以來，從來面無笑容，後來當了皇后，也沒爲幽王展顏一笑。當幽王用盡了心思得不到她的一笑之後，便懸重賞；如果有人想出一個辦法叫王后開懷大笑，賞千金。虢石父便想出了烽火戲諸的妙計。幽王高興極啦，說：「愛卿一笑，百媚俱生，虢石父的計策眞高妙。」並立即賞他千金。今天有一句「千金買笑」的成語，就源自這個故事。

後來，申侯引犬戎進攻攻破西周都城鎬京，幽王再舉烽火，諸侯以爲他又在胡鬧，救兵不來，以致自己被殺，新立的太子伯服也死於非命。褒姒被俘，當了犬戎的洩慾器。

等諸侯得知實情出兵來救，鎬京王宮太廟裡的寶物，已被搶掠一空，屋宇多被焚毀，人民非死即逃；整個都城，幾乎成了廢墟。今天「一笑傾城」這句成語，也源於這個故事。諸侯擁立舊太子宜臼爲王，他既無力重建西都，又怕犬戎再來攻擊，便遷至東都洛陽。

申后

後宮內，一生榮辱
王后、廢后、太后
疑幻疑夢，悲歡恩仇

後宮外，千秋大業
從夫、從父、從子
時移勢轉，西周東周

申后，是申伯之女，姬宮涅之正妃，他繼位爲王後，便立申妃爲王后。父以女貴，申伯也晉升爲申侯。後來幽王寵愛褒姒，廢申后並遷入冷宮，也把她的兒子太子宜臼廢爲庶人。後來，申侯聯合犬戎攻破鎬京，殺掉周幽王，諸侯擁立舊太子宜臼爲王，廢后又成了太后。拙詩第一節本此。第二節「從夫」二字，指幽王立、廢后招禍而言；從父，指申侯攻破鎬京而言；從子，則指平王封她爲太后，乃王室東遷而言。

申侯

若非犬戎失控
你就是一位撥亂反正的
英雄

依據《東周列國誌》裡的記述，申侯與犬戎的聯合軍事行動，只想救出自己的女兒，並逼幽王讓位於太子宜臼，（即詩中的「撥亂反正」），並沒打算殺掉幽王和伯服。後來犬戎不受約束，殺幽王及伯服，並佔據鎬京，不肯退兵，才造成西周的覆亡。拙詩據此寫成。

褒姒

妳擁有：
荒誕如怪譚的來歷
美麗如仙女的容顏
妖媚如狐鬼的魅力
爭寵奪后位的野心
極其不愛笑的臉孔
（這些條件加起來也不足以禍國
如果老公不是昏君）

褒姒，也寫作褒姒，褒國女子，姒姓；周幽王妃后。

《白話史記》裡有一則傳說，從前，夏朝衰微時，有兩條神龍降在夏帝的朝庭前，自稱是褒國的兩個先王。夏帝就占卜該如何處置它們，卜殺、不吉，卜驅去、不吉，卜留下、也不吉。最後，卜取龍漦儲藏起來，才得吉兆。夏帝照辦，龍去留漦，夏帝藏之於木櫃中，夏亡、商代，商亡、周代，無人敢開啓此櫃，只到周厲王末年才打開來看。哪知龍漦流了出來，流到庭中，無法清除，厲王就叫許多婦女赤身裸體地對它大聲喧噪，它才變成一隻黑色蜥蜴逃入後宮，後宮裡有一個才七、八歲的侍女碰到它，到十歲五時就懷孕了，厲王怪她未婚受孕，便囚她於幽室，四十年後生下一女嬰，王后認爲這種怪物不能留在宮中，就把女嬰偷偷丟掉了。這個女嬰被褒國違禁賣桑木弓及箕草箭囊的那個男人（他的女人被捉去處死）拾回去養大，就是褒姒。

拙詩第三行中的「來歷」二字，指此而言。

伯服

沒斷奶從母
她一心要你當太子
還不懂太子是甚麼
就由她抱著鳩佔鵲巢

黃泉路上從父
他揹著自己的罪孽前行
你揹著褒姒的相隨
同進枉死城

《東周列國誌裡說，周幽王九年，王令申后退居冷宮，立褒姒為后；廢太子宜臼為庶人，立伯為太子。

伯服、幽王之子，褒姒所生。幽王十一年，王及伯服為犬戎所殺，伯服年僅六歲。

伐申

如果褒皇后不打算斬草除根
如果虢石父不專愛落井下石
如果周幽王不立即准奏興兵
也許申侯不至於學急犬反噬

如果申侯不被逼得挺而走險
也許周幽王得以淫樂享天年
也許虢石父能多罪多金多壽
也許褒皇后有機會晉封太后

依《東周列國誌》裡的記述，申侯聽說幽王廢了申后，便上疏諫阻，幽王覽奏大怒，虢石父乘機進讒，建議幽王降申侯的爵位，並出兵討伐以除後患。幽王接受他的建議，便拜他爲將，準備伐申。申侯上表之後，有人在鎬京打探消息，得知幽王將發兵伐申，即星夜趕回去報信，申侯得訊大驚失措，大夫呂章建議申侯向犬戎借兵，先發制人，申侯六神無主，只好照辦。結果，伐申之師還沒出發，鎬京就被聯軍攻破，幽王、伯服被殺，褒姒被擄，虢石父、尹球等奸佞之臣陣亡。

驪山烽火臺

烽火戲諸侯的那齣鬧劇
兩千七百多年前便已落幕
如今只剩西繡嶺上的一個大土堆
夕陽下，如餘燼
還隨晚風裊裊昇起歷史煙塵

依據《中國名勝詞典》裡的記述：驪山在陝西省臨潼縣城南，西距西安二十五公里，海拔八百餘米；東西長約五公里，南北寬約三公里；係秦嶺山脈的一個支峰。山上有兩峰，稱東繡峰和西繡峰，山頂上有一土臺，相傳是周幽王爲博取褒姒一笑，舉烽火戲諸侯的地方。